参与感

（珍藏版）

小米口碑营销内部手册

○ 小米联合创始人 黎万强 著

中信出版集团 · 北京

图书在版编目（CIP）数据

参与感：小米口碑营销内部手册：珍藏版 / 黎万强著 . -- 2 版 . -- 北京：中信出版社，2018.6（2024.10 重印）
ISBN 978-7-5086-8954-8

I. ①参… II. ①黎… III. ①移动通信－电子工业－工业企业管理－市场营销学－中国－手册 IV. ① F426.63-62

中国版本图书馆 CIP 数据核字 (2018) 第 086787 号

参与感：小米口碑营销内部手册（珍藏版）

著　　者：黎万强
出版发行：中信出版集团股份有限公司
（北京市朝阳区东三环北路 27 号嘉铭中心　邮编　100020）
承 印 者：北京盛通印刷股份有限公司

开　　本：880mm × 1230mm　1/32　　印　　张：10.5　　字　　数：232 千字
版　　次：2018 年 6 月第 2 版　　印　　次：2024 年 10 月第 18 次印刷
书　　号：ISBN 978–7–5086–8954–8
定　　价：78.00 元

服务热线：400–600–8099
投稿邮箱：author@citicpub.com

目 录

069 品牌篇

143 新媒体篇

序　言
雷军：猪会飞的背后，参与感就是“台风”

7月初的一个晚上，阿黎（黎万强）抱着一堆书稿，说他来交作业。他说，我10年前希望他写一本关于用户体验与设计的书，他弄了10年时间，终于写完了。

2000年，阿黎大学刚毕业就加入金山，担任软件界面的设计师。他的能力很快得到了我们的认可，然后组建了金山用户体验设计团队，这是软件产业最早做用户交互研究的团队。他们做了金山毒霸、WPS（由金山软件开发的一款办公软件）等产品的软件交互设计，受到了用户的广泛好评。

2004年，我希望他写一本书，把金山做用户交互的经验分享给行业，推动整个行业的发展。他开始着手准备，稿子已经写了一半，他调到互联网业务部门去推动金山互联网转型，工作一忙，书稿的事情就搁下了。

2009年年底，阿黎离开金山了，他来找我，说想去玩商业摄影。我告诉他，我计划再创业，要不要一起干。他不假思索就答应了。当时，我愣住了："你知道我要干什么吗？"他立刻回答："你要做手机。"

阿黎知道我是一个狂热的手机发烧友，关于做手机，我自己有一些独特的想法。

我爱玩手机，更重要的是我做了20多年软件产品，有很多自己的想法。每次见到一个手机公司的人，就拉着人家给人家提意见。大约10年前，诺基亚鼎盛的时候，我认识诺基亚全球研发的副总裁，给他提过上百条意见。所以，我特别想做一个能让发烧友一起参与的公司，我觉得这才是未来真正有价值的公司，用户能一起参与进来做产品。

4年前，创办小米的时候，我的想法就是，不管这个公司未来能做多大，我们一定要把小米办成一个像小餐馆一样，能让用户参与进来的公司。老板跟每个来吃饭的客人都是朋友。这种朋友的方式，才是可以长期持续发展的方式。

我们抱着这种想法做了第一个产品，基于安卓做了MIUI（米柚）。MIUI严格来讲，是基于安卓深度定制的手机操作系统。操作系统很复杂，基于这样的复杂程度，没有几个人能够把操作系统做到听取用户意见，因为它的研发周期很长。我们在想，怎么能够把操作系统做成能够听取用户意见的系统呢？后来我们借鉴了互联网软件的开发模式，提出了每周迭代。为了适应每周迭代，对于操作系统来说，最难的就是怎么管理好用户需求，怎么能听得懂用户要什么，然后把它实现出来，质量控制，怎样做到一周就能发布……我觉得小米在这里面花了很多力气去琢磨，也是全球最早做到一个操作系统一周就能迭代的模式。通过这个模式，我们聚集了第一批用户，也使我们验证了这个模式的有效性。为了验证这个模式到底是好还是坏，我们初期对外都是保密的，而且我们不做公关，不做营销。我们就是做实验，看看基于这个模式的口碑传播，到底有多大能量。

可能大家有一种误解，说小米手机是善于营销才做到今天。实际上，小米手机第一次发布会是在 2011 年 8 月 16 日，是在 MIUI 发布了一年之后，而那个时候 MIUI 已经有 50 万用户了，那期间小米没有做过任何营销活动。这一点，可能是大家不太了解的地方。

台风口上，猪也能飞——凡事要顺势而为，如果把创业人比作幸运的“猪”，那行业大势是“台风”，还有用户的参与也是“台风”。

小米创业的第一年，已经充分验证了：第一，通过用户参与能够做出好产品；第二，一个好产品通过用户的口碑，是能够被传递的。这就构成了小米后来很重要的两点：第一是通过和用户互动来做好产品，第二点是靠用户的口碑来做传播和营销。这是小米的核心点，我们把用户的参与感看成整个小米最核心的理念，通过参与感来完成我们的产品研发，来完成我们的产品营销和推广，来完成我们的用户服务，把小米打造成一个很酷的品牌，就是年轻人愿意聚在一起的品牌。这就是整个小米发展过程中最重要的一个理念，那就是“把用户当朋友”。

阿黎作为小米的联合创始人，一起创办了小米公司，初期负责 MIUI 研发，后来负责小米网（mi.com）。非常感谢他能够在如此繁忙的工作中抽出时间写了《参与感》这本书，把小米的经验总结出来，和大家一起分享，特别是阿黎总结的“参与感三三法则”，从三个战略和三个战术层面完成了对参与感的构建和论证，有极大的行业意义。

更让我感动的是，阿黎还记得 10 年前的承诺，并且终于完成了。

雷军

小米科技董事长兼 CEO

参与感篇

互联网思维就是口碑为王

互联网思维就是口碑为王

如何搞定第一个100万用户？

传统商业时代和今天的互联网时代，我们有不一样的打法。

金山创建于1988年，是传统软件时代国内的领军品牌。我作为一名设计师于2000年加入金山公司，那时在产品、市场和团队管理方面，金山CEO（首席执行官）雷总（雷军）带着我们创造了很多彪悍的打法。

那时候，我们做产品非常重视“里程碑式”的项目管理。比如大型办公软件WPS和大型游戏《剑侠情缘》，都涉及大量底层开发工作，数年才发布一个新版。每个版本会设置M0、M1、M2到M3等若干里程碑节点，每个节点跨度都在半年以上。

金山当时已经非常重视用户体验，2000年就建立了国内最早的人机交互设计团队。我们跟用户互动的方式主要是“焦点小组”，每季度或半年，针对某个产品召集几十个用户，做面对面访谈。另一种方式，是每周客服一线同事收集好用户意见，整理成文档，以周报的方式发给产品经理，产品经理再整理给项目组，项目组给总监再到管理层，基本每份用户意见报告周期在一个月以上。

除产品方面的宏大叙事外，市场方面也是长枪大阵。金山时期，我们讲究“风暴式营销”，讲究“海陆空”三军并进。

所谓“海陆空”，其中“空军”指的是整体市场造势，“陆军”指的是组织地面推广团队进行线下传播，而“海军”则是选择各路销售渠道进行合作。那时我们会提一个相当“高大上”的提案，比如“红色正版风暴”“龙行世纪”“秋夜豪情”等，先把概念做足，再通过市场投放把声音放大，做成声势浩大的营销事件。这些市场活动都取得了骄人的成绩，比如 1999 年的金山词霸“红色正版风暴”，三个月内销量突破 110 万套，创下当时中国正版软件销售的历史纪录。

跟这套打法配合，金山的内部管理也形成了“动员与会战”传统。打大仗期间每天早上都开动员会，启动“全员会战”，集结全公司跨业务线、跨部门的力量，打产品研发和市场营销的攻坚战。金山有典型的战功文化，胜则举杯相庆，败则拼死相救。团队执行力很强，大家的兄弟感情浓厚。

这种兄弟感情在业务困难的时候是法宝。当时有一个工程师叫海洲，现在是小米网的工程主管。那时候我们一起合作做词霸，他曾一年内两次和我谈过离职，因为很多人挖他，每次我怎么让他改变主意呢？他一提离职，我就约他下午 5 点出去吃饭，吃到凌晨 5 点，两瓶白酒我们都喝趴下。他回家就觉得很内疚，不提离职了。

金山时期这些产品，市场和团队管理的方法发挥了重要作用，不少都开了业内先河，是中国软件时期的典范。

2007 年金山在香港上市，算是里程碑式的成功，雷总功成身退离开金山做了天使投资，并于 2010 年创办小米。上市后几年，金山的互联网业务慢了半拍。2011 年，雷总重新回到金山出任董事长，金山市值逐步创 30 亿美元新高；WPS 移动版用户超 1 亿，长居办公软件下载榜首；2014 年 5 月，金山旗下的猎豹移动独立分拆上市。移动互联网时代，金山这个品牌又再度活跃起来。

雷总曾讲过创业成功的三个关键因素：选个大市场，组建最优秀的团队和拿到花不完的钱。那么做小米和做金山有什么不一样？小米和金山在创业时都选了很好的业务方向，组建了非常优秀的团队，两者不一样的有以下两方面。

1. 小米在创业早期就拿到了足够多的钱

金山时期，WPS 名满天下，词霸在电脑的安装覆盖率超过 80%，但苦于盗版环境，公司没赚到什么钱，也没从资本市场拿到足够的钱。这样，金山整个业务以战养战：WPS 赚了钱，做词霸；词霸赚了钱，然后做毒霸和游戏；最后游戏赚了钱，金山才顺利上市。在以战养战的过程中，业务都难以坚持做深做透，在互联网转型过程中，软件业务因为要过多考虑如何养活自己，无法做出长远的转型决策。

2. 创办小米，雷总要求我们只专注于一点：口碑

这种基于产品和市场的思路变革，就像带着大家集体“给大脑刷了个新的 ROM（手机系统固件）”。产品周期从过去“里程碑式”地每年发布，变成了每周快速迭代；不再“全员会战”，而是要求全员客服；进行用户体验调研不再是每月每季度，而是每天都在和用户交流；把产品的“风暴式”营销推广变为潜入式互动，如润物细无声般，把一个个产品功能点渗透到和对用户的日常运营活动中；营销不再刻意营造“高大上”，类似“龙行世纪”之类的口号就不用了，要求我们直接说大白话。

在 2008 年，雷总就提出了“专注、极致、口碑、快”的互联网七字诀。专注和极致，是产品目标；快，是行动准则；而口碑，则是整个互联网思维的核心。

传统意义上讲究“慢工出细活”，然而互联网产品的极致都是在快速迭代中产生的。互联网技术的日新月异，让整个互联网更新迭代的速度也非常快，中国互联网发展不过短短 20 年，却已历经了门户、Web2.0① 和移动互联网三个阶段。

移动互联网时代，要求我们必须快起来，不快的公司就会被淘汰。这里的“快”是一种手段，而并非目的，是新商业逻

① Web2.0，指的是利用 Web 的平台，由用户主导而生成的内容互联网产品模式。——编者注

辑和消费心理的必然要求。在过去，交付商品给用户后，企业往往认为与用户的接触就结束了；而现在这才仅仅是开始，后面需要不断地与用户互动，让用户参与到商品的改进完善中来。

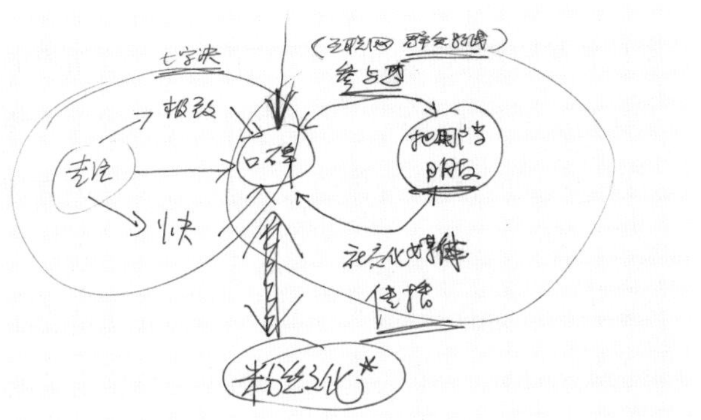

雷军关于互联网思维的手稿

互联网思维就是口碑为王，因为今天用户主要以口碑来选择产品。

谷歌就深谙这个道理：“一切以用户为中心，其他的一切纷至沓来。”2004 年谷歌推出 Gmail（谷歌的免费网络邮件服务）时，就完全依赖于口碑。当时，谷歌只提供了几千个 Gmail 的试用账户，想要试用的人，必须有人邀请才行。这些数量有限的“邀请码”迅速在全球流行，被用来交换各种各样的东西，比如到迪拜度假两夜，或者交换旧金山的明信片。甚至，Gmail 账户在英国 eBay（一个线上拍卖及购物网站）上面的叫价高达 75 英镑，我当时为了得到这个邀请码也是费尽心思。这是我第一次被谷歌强大的口碑效应震动。

不少淘品牌的崛起也是依靠口碑传播。比如“韩都衣舍”凭借快速跟进时尚的设计和选品，在各类购物社区中都是女性用户推荐分享的重点品牌；护肤面膜品类中的“御泥坊”，以天然原材料矿物泥浆为卖点，吸引了不少女性用户的追捧，成为淘宝面膜类的领军品牌；又比如坚果品类的淘品牌“三只松鼠”，我和不少朋友都亲身体验了，这些产品在口碑传播之下越卖越火。

其实在过去选择产品时，我们也一直会通过朋友或专家的口碑推荐来做决策，但不是主流。而今天口碑为王的背后，我们面临的信息传播发生了以下三个重要的转变：

（1）信息从不对称转变为对称；

（2）信息传播速度暴增，影响范围空前扩大；

（3）互联网信息是去中心化的传播，通过社会化媒体，每个普通人都是信息节点，都有可能成为意见领袖。

传统的口碑传播场景，比如说理发店，人们在理发的时候会闲聊，分享信息。这种场景下的口碑传播速度很慢，而且很容易断裂，传播到更大的圈子就中断了。在微博、微信等社会化媒体的平台中，人和人之间的信息连接变得特别扁平化，信息传播速度提升千百倍，从以前的按月和天到现在按分和秒来计算了。过去，信息引爆的路径必须先有核心媒体的广泛报道，才会有社会的热议。然而到了今天，一条信息的引爆往往先有公众的热议，接着才有媒体的跟进和放大。

传统的商业营销逻辑是因为信息不对称，传播就是砸广告做公关，总之凡事就是比嗓门大。但是，新的社会化媒体推平了一切，传播速度大爆发，信息的扩散半径得以百倍、千倍地增长，频繁出现了“一夜成名”的案例。

信息对称让用户用脚投票的能力大大增强。一个产品或一个服务好不好，企业自己吹牛不算数了，大家说了算；好消息或坏消息，大家很快就可以通过社交网络分享。信息的公平对等特性，也使网络公共空间具备了极强的舆论自净能力，假的真不了，真的也假不了。

信息传播的变化意味着用户获取信息的习惯也改变了，你身边的朋友每个人都成了衣食住行方面的“专家”——移动设备的普及和网络的便利，大家已经很习惯把自己的消费体验随时用微博、微信发出来，比如，朋友、同事一起吃饭，一道特色菜上桌了，大家不是立刻动筷子，而是先掏出手机拍照发朋友圈，不到一分钟在网络围观的朋友就会点赞、吐槽或转发。

所以，在新的移动互联网时代，我们要坚定以口碑做传播，并要善用社会化媒体。

口碑的铁三角

口碑的铁三角

互联网思维的要诀是只有专注，你才能做到快，才能做到极致；只有做到极致，才会有好口碑。互联网上唯口碑者生存！大家说小米的营销好，其实是口碑好，本质上小米的营销是口碑营销。

我理解的口碑传播动力系统有三个核心，内部称为“口碑的铁三角”：发动机、加速器和关系链。

（1）发动机：产品；

（2）加速器：社会化媒体；

（3）关系链：用户关系。

一个企业想拥有好口碑，好产品就是口碑的发动机，是所有基础的基础。产品品质是1，品牌营销都是它身后的0，没有前者，后者全无意义。

好口碑需要让更多的人更快地知道，因此需要善用社会化媒体，社会化媒体是口碑传播中的加速器。

我带队启动小米第一个项目 MIUI 时，雷总就跟我说：你能不能不花一分钱做到 100 万用户？方法就是抓口碑。因为你没钱可花，要让大家主动夸你的产品，主动向身边的人推荐，就只得专心把产品和服务做好。

2010 年 8 月第一版 MIUI 发布时，我们只有 100 个用户，他们是口碑传播最早的核心用户。到 2011 年 8 月小米手机发布时，MIUI 拥有了 50 万的发烧友用户，小米在大众口碑传播领域中积蓄了足够的初始势能。

在传播中，要懂得把好产品输出成精彩的故事和话题！MIUI 口碑最初建立时，有三个节点十分重要，这些节点是口碑传播的“故事和话题”。

“快”是第一个口碑节点，使用更流畅了。我们从深度定制安卓手机系统开始入手，当时 MIUI 主要是做刷机 ROM。表面看，用户是在使用手机硬件，但实际上绝大部分的操控体验，本质上还是来自软件。当时很多刷机软件都是个人和一些小团队做的，他们都没有足够的实力或持续的精力来真正做好底层的优化。我们一上来抓住“快”，优化整个桌面的动画帧速，从每秒 30 帧到 40 帧，再到 60 帧，让指尖在屏幕滑动有丝般流畅感；逐个优化主要用户痛点，把打电话、发短信的模块优化得体验更好、速度更快，比如给常用联系人发短信，一般系统要 3~5 步，我们只需两步。

“好看”是第二个口碑节点。那个时候，相比苹果，安卓系统的原生界面算是难看了。我们先优化程序让系统更快，大概三四个月后开始做“好看”。一年后，MIUI 的主题已经到了可编程的地步，如果你有一定的编程能力，主题可以做得千姿百态。MIUI 在手机主题这方面的产品设计上，论开放性和深度，在整个安卓体系我们是做得最出色的。

“开放”是第三个口碑节点，我们允许用户重新编译定制 MIUI 系统。这带来了什么样的发展？开放性就让很多国外的用户参与进来，他们自己发布了 MIUI 的英语版本、西班牙语版本、葡萄牙语版本等。这种开放策略吸引了国外很多发烧友用户去深度传播 MIUI，国外的口碑又反过来影响了国内的市场传播，类似出口转内销。

在赢得三个口碑节点后，我们选择了高效的传播渠道——把“社会化媒体”作为口碑传播的“加速器”；MIUI 的前 50 万用户基本都是在论坛发酵，50 万到 100 万则是由微博这样的社会化媒体推动而成。

用户和企业之间，到底是一种什么关系才是最理想的？千千万万的用户，有千千万万的想法，他们为什么要认可你的产品？认可了你的产品之后，为什么要主动帮你传播？

社交网络的建立是基于人与人之间的信任关系，信息的流动是信任的传递。企业建立的用户关系信任度越高，口碑传播越广。

从传统来看，我们经常看到的企业和用户之间的关系，要么是企业“给用户下跪”，仿佛说用户是上帝，是爷爷、是奶奶，只要用户肯掏钱买我的东西，怎样都好！要么是企业高高在上，“让用户下跪”，仿佛说“我们的产品最好，不喜欢就滚！”

我觉得无论以上哪种方式，都是弱用户关系，都难以让用户对品牌和产品发自内心地热爱。传统方法下用户和产品之间，就是赤裸裸的金钱关系。当消费行为发生之后，企业和用户之间的关系基本上也就断掉了。甚至有的企业还会希望用户购买了产品之后，就最好不要再和企业发生任何联系了，因为这可能意味着售后、投诉、纠纷、成本、公关危机……

做企业就像做人一样，赢得了朋友的信任，朋友才会真心去为你传播、维护你的口碑，朋友是信任度最强的用户关系。

小米的用户关系指导思想——和用户做朋友！

让员工成为产品的用户，让员工的朋友也变成用户，要求所有的员工“全员客服”，鼓励与用户做朋友。

小米开放做产品、做服务的企业运营过程，让用户参与进来。和用户做朋友就是和用户一起玩，不是做形式化的用户调查或高大上的发布。和用户如朋友般一起玩、讨论产品，通过论坛、米聊或微博等沟通就是需求收集，就是产品传播。

转变为和用户做朋友这个观念，是因为今天不是单纯卖产品的时代，而是卖参与感！

给用户下跪

让用户下跪

和用户做朋友

参与感三三法则

参与感三三法则

私下里很多朋友会问我："小米用什么方法让口碑在社会化媒体上快速引爆？"

我的答案：第一是参与感，第二是参与感，第三是参与感。

互联网思维的核心是口碑为王，口碑的本质是用户思维，就是让用户有参与感。

基于互联网思维的参与感，对于传统商业而言，类似科幻小说《三体》里的降维攻击，是不同维度世界的对决，更通俗地讲是"天变了"。

消费者选择商品的决策心理在这几十年发生了巨大的转变。用户购买一件商品，从最早的功能式消费，到后来的品牌式消费，到近年流行起来的体验式消费，而小米发现和正参与其中的是全新的"参与式消费"。

在物资匮乏的年代，人们为了满足功能性的需求而消费。

那时候，当用户要买一块手表的时候，这块手表是上海牌还是北海牌都不重要，重要的是它能准确报时。随着社会的发展，商品的日益丰富，广告行业在这个年代崛起，品牌成了商品世界的核心因素。一时间品牌顾问公司、广告公司、VI（视觉识别系统）设计等都火得不得了。

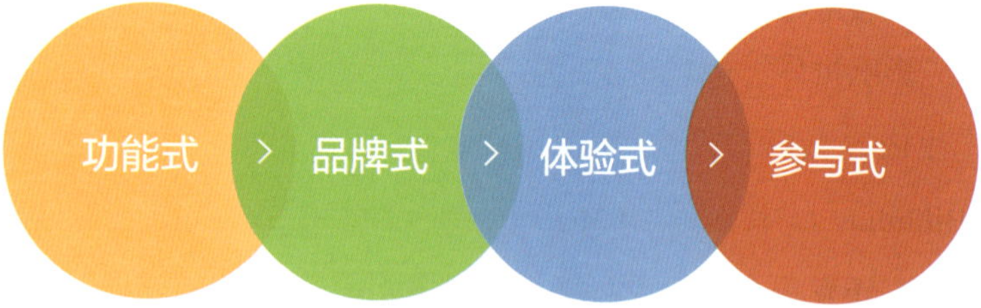

消费理念的变迁

摩托罗拉发明了手机，但在2000年左右，诺基亚以“科技以人为本”为理念的全球化品牌运作，让诺基亚品牌深入人心，超越了摩托罗拉、爱立信，在消费电子领域取得了前无古人的市场占有率。

在品牌运作最疯狂的年代，保健品和白酒行业最为突出，很多人还记得，有些保健品把广告刷到了全中国的每个县镇乡村，很多农村的猪圈墙上都刷着它们的广告，品牌知名度给予了它们无比辉煌的历史。但是到了体验式消费的年代，很多品牌基本都销声匿迹了。

伴随着超级市场等体验式卖场逐步取代传统的百货商店，体验式消费时代到来了。食物好吃不好吃？您先尝尝；衣服好看不好看？您穿上试试；手机用起来爽不爽？您到我们的体验店里面来试试看。

为了让用户有更深入的体验，小米一开始就让用户参与到产品研发过程中来，包括市场运营。我们逐步发现“参与式消费”的时代已经到来，并满足了用户这个全新的消费心态。

让用户参与，能满足年轻人“在场介入”的心理需求，抒发“影响世界”的热情。在此之前，多见于内容型UGC（用户产生内容）模式的产品，比如在动漫文化圈，著名的“B站”（Bilibili.tv），就是典型的例子。爱好动漫和创作的年轻人通过吐槽、转发、戏仿式的再创作等诸多方式进行投稿，营造出独有的亚文化话语体系。

在企业运营过程中，如何快速构建参与感？

构建参与感，就是把做产品、做服务、做品牌，做销售的过程开放，让用户参与进来，建立一个可触碰、可拥有，和用户共同成长的品牌！我总结有三个战略和三个战术，内部称为“参与感三三法则”。

三个战略：做爆品，做粉丝，做自媒体。

三个战术：开放参与节点，设计互动方式，扩散口碑事件。

“做爆品”是产品战略。产品规划阶段要有魄力只做一个，要做就要做到这个品类的市场第一。产品线不聚焦难以形成规模效应，资源太分散会导致参与感难以展开。

“做粉丝”是用户战略。参与感能扩散的背后是“信任背书”，是弱用户关系向更好信任度的强用户关系进化，粉丝文化首先让员工成为产品品牌的粉丝，其次要让用户获益。功能、信息共享是最初步的利益激励，所以我们常说“吐槽也是一种参与”；其次是荣誉和利益，只有让企业和用户双方获益的参与感才可持续！

“做自媒体”是内容战略。互联网的去中心化已消灭了权威，也消灭了信息不对称，做自媒体是让企业自己成为互联网的信息节点，让信息流速更快，信息传播结构扁平化，内部组织结构也要配套扁平化。鼓励引导每个员工每个用户都成为“产品的代言人”。做内容运营建议要遵循“有用、情感和互动”的思路，只发有用的信息，避免信息过载，每个信息都要有个性化的情感输出，要引导用户来进一步参与互动，分享扩散。

开放参与节点。把做产品、做服务、做品牌、做销售的过程开放，筛选出让企业和用户双方获益的节点，双方获益的参与互动才可持续。开放的节点应该是基于功能需求，越是刚需，参与的人越多。

设计互动方式。根据开放的节点进行相应设计，互动建议遵循“简单、获益、有趣和真实”的设计思路，互动方式要像做产品一样持续改进。2014 年春节爆发的“微信红包”活动就是极好的互动设计案例，大家可以抢红包获益，有趣而且很简单。

扩散口碑事件。先筛选出第一批对产品最大的认同者，小范围发酵参与感，把基于互动产生的内容做成话题、做成可传播的事件，让口碑产生裂变，影响十万、百万，甚至更多人参与，同时也放大了已参与用户的成就感，让参与感形成螺旋扩散的风暴效应！

扩散的途径，一般有两种。一是在开放的产品内部就植入了鼓励让用户分享的机制。2013 年现象级的休闲游戏“疯狂猜图”和“找你妹”就做得非常好，每天都有几十万条信息是从产品里分享到微博、微信等社会化媒体。二是官方从和用户互动的过程中，发现话题并拿来做深度事件传播。

为什么相同的打法下，不同企业得到的效果差别很大？还有，很多参与感的活动为什么做了几次就无法持续？究其原因主要是只照搬战术而没有从战略上深度思考。战略是坚持做什么或不做什么，战术是执行层面上如何做。对于用户而言，战略如冰山之下看不见，战术如冰山之上则可感知。我在后面的篇章将会通过案例讲述我们面对不同的用户，在产品和服务等各个场景中如何开展参与感。

小米成立 4 年来，参与感在实践中的深度和广度都在不断提升，它已不仅仅局限于产品和营销，更是深入到全公司的经营。为了将参与感融入每一个员工和用户的血液，我们做了很多尝试。

我们在小米内部完整地建立了一套依靠用户的反馈来改进产品的系统。小米没有 KPI（关键绩效指标）和考勤制度，工

参与感三三法则

战略执行	三个战略	战略效果
只做一个 做到第一	“做爆品”的产品战略	海量的用户规模 公司资源的聚焦
先让员工成为粉丝 先做服务 粉丝获益：功能、信息、荣誉、利益	“做粉丝”的用户战略	信任度 用户关系的强弱
内容质量：有用、情感、互动 引导用户创作内容	“做自媒体”的内容战略	内容传播的速度 内容传播的深度

战术执行	三个战术	战术效果
基于功能需求开放节点 开放要让企业和用户双方获益	开放参与节点	参与人的数量 参与感的持续性
互动方式：简单、获益、有趣、真实 把互动方式持续改进	设计互动方式	互动的广度 互动的深度
先做种子用户 产品内部的用户扩散机制：工具、自娱、炫耀 官方做关键公告及事件深度扩散	扩散口碑事件	事件的扩散度 转换率：点击、加粉、注册、购买等

作的驱动并不来自业绩考核，也不是基于老板“拍脑袋”，驱动力都是真真切切的来自用户的反馈。

《消费者王朝》的作者普拉哈拉德曾经说过：“公司中心”型创新方式已经消亡。相反，消费者正凭借独一无二的个人经历在创造价值的过程中发挥着越来越大的作用。因此，公司必须建立新的组织架构。

参与感在我的理解中至关重要，它意味着消费需求发生了一次关键性的跃迁，消费需求第一次超出了产品本身，不再囿于产品的物化属性，更多延伸向了社会属性：今天买东西不再简单地是能干什么，而是我用它能做什么，能让我参与到什么样的体验进程中。

产品篇

用户模式大于一切工程模式

用户模式大于一切工程模式

能不能建立一个 10 万人的互联网开发团队?

这是我做 MIUI 时一个疯狂的想法。当时，MIUI 团队只有 20 多人。MIUI 是小米真正意义上的第一个产品，也是小米第一次对用户参与感的尝试。

为了让用户深入参与到产品研发过程中，我们设计了“橙色星期五”的互联网开发模式，核心是 MIUI 团队在论坛和用户互动，系统每周更新。

在确保基础功能稳定的基础上，我们把好的或者还不够好的想法，成熟的或者还不成熟的功能，都坦诚放在我们的用户面前。每周五的下午，伴随着小米橙色的标志，新一版 MIUI 如约而至。

随后，MIUI 会在下周二让用户来提交使用过后的四格体验报告。一开始我们就能收到上万的反馈，发展到现在每期都有十多万用户参与。通过四格报告，可以汇总出用户上周哪些功能最喜欢，哪些觉得不够好，哪些功能正广受期待。我们在内部设置了“爆米花奖”，根据用户对新功能的投票产生上周做得最好的项目，然后给员工奖励。奖品就是一桶爆米花，以及被称为“大神”的荣誉感。

我们让员工和用户通过论坛零距离接触，做得好的功能得到用户表扬，团队自然很开心。当一个产品经理和工程师负责的功能被用户吐槽甚至大骂的时候，不用开会不用动员，他们自然而然地会加班加点，全力去改进。

“橙色星期五”的互联网开发模式

MIUI 以论坛建立起的 10 万人互联网开发团队，团队核心是当时我们官方的 100 多个工程师，核心的边缘是论坛人工审核过的有极强专业水准的 1 000 个荣誉内测组成员，最活跃的用户是 10 万个对产品功能改进非常热衷的开发版用户，最外围的是发展至后来有千万级的 MIUI 稳定版用户。他们都在以自己的方式积极地参与到 MIUI 的迭代完善中来，其中我们的荣誉内测组被称为“荣组儿”。

MIUI 的升级制度因此形成了不同的灰度和梯队版本，更新最快的是荣誉内测组的内部测试版，每天升级，有最快的新功能尝试和 bug[①] 修正测试；其次是开发版，每周升级；随后就是稳定版，通常 1~2 个月升级。

每个周五，用户就开始等待着 MIUI 的更新，这些发烧友很喜欢刷机，体验新系统，体验新功能。也许这个“橙色星期五”所发布的新功能就是他们亲自设计的，或者某一个被修复的 bug，就是他们发现的。这让每一个深入参与其中的用户都非常兴奋。

许多 MIUI 的功能设计，我们都通过论坛交由用户讨论或投票来决定。MIUI 发布 4 年，共收集到上亿个用户反馈帖，帖子打印出来的纸张可以绕地球一圈了。

从“参与感三三法则”来看 MIUI 参与感的构建：

（1）“开放参与节点”，我们除了工程代码编写部分，其他的产品需求、测试和发布，都开放给用户参与了。这种开放，是企业和用户双方获益的，我们根据用户的意见不断迭代完善产品，用户也拿到了自己想要的功能和产品。

（2）“设计互动方式”是基于论坛讨论来收集需求，固定的“橙色星期五”每周更新。

（3）“扩散口碑事件”有基于 MIUI 产品内部的鼓励分享机

---

① bug，在电脑系统或程序中，隐藏着的一些未被发现的缺陷或问题。——编者注

制，也有我们集中资源所做的口碑事件，我们为最早参与测试的 100 个用户，拍了个微电影《100 个梦想的赞助商》，这是参与感的“放大器”。

进行参与感构建，要尽量减少用户参与的成本以及把互动方式产品化，我们把 MIUI 每周升级的时间固定就是一个减少记忆成本的考虑，用户提交使用报告，我们设计成四格报告是对参与成本和产品化的考虑。

正是这种用户深度参与的机制，让 MIUI 收获了令人吃惊的好口碑和增长速度。这份口碑，也构成了小米在日后发布手机后，异常火爆的用户基础。2010 年 8 月 16 日，MIUI 第一个版本发布时，只有 100 个用户，是我们一个一个从第三方论坛“人肉”拉来的，凭借用户的口口相传，没有投一分钱广告，没有做任何流量交换，到 2011 年 8 月 16 日，MIUI 发布整整一周年的时候，已经有了 50 万用户。

消费者也是生产者。正如克里斯·安德森在《长尾理论》里的说法：过去，专业者和业余者之间永远存在一道界线，但在未来，将两者分开来谈也许会变得越来越难。至少在小米，这种区分很难。

比如，维基百科就是这种用户模式的产物。维基百科的创作者不是一群精心挑选出来的专家，而是成千上万的各种爱好者、发烧友、旁观者，但他们却创造了一个超级伟大的产品。

在这种模式下，用户不仅使用产品，还拥有产品，拥有感使用户遇到问题后不仅会吐槽，还会参与改进产品，“人人都是产品经理”。

小米负责工程的联合创始人黄江吉（KK）原先在微软工作，他有一次做内部分享，对比过微软与小米开发模式和信条的差别。

早年 KK 曾认为，微软的人才以及内部的流程基本上已经是无敌了。做每一个版本的操作系统时都有五六千个开发人员，可以想象，五六千个最顶尖的软件开发工程师，分成一个个小组，每组配 5 个人，呈 311 配备——每 3 个工程师就要配 1 个产品经理和 1 个测试，但用户的参与和声音基本为零。

微软在 PC（个人计算机）时代取得巨大的成功之后，在互联网时代遇到了不少挫折。当时他感觉比较痛苦，不明白为什么像谷歌、Facebook（脸书）这样的初创公司，甚至其他一些小公司，它们那么小，竟然可以在直面微软的竞争压力下，发展得那么迅速，甚至在某些方面超越微软，到底问题出在哪里？

那时 KK 一直在想，微软在新的领域里面，为什么没有跑得那么快？是不是应该重新思考开发的模式？因为微软一直在追求“最完美”的开发模式，那是一种让你不可能犯错的开发模式。每个周期都是那么严谨，要执行这个计划的话，没有人可以犯错。这本身就是一个问题。

做小米后，KK 意识到了微软的短板，他把微软的开发模式称为“3110”，前面三个数字不管放大多少倍，多少人去做这样的项目，在开发的过程中，代表用户的这个数字还是零。

什么是互联网上最好的产品开发模式?

如今小米拿出了自己的答案：用户模式。在面向消费终端的行业中，用户模式大于一切工程模式。

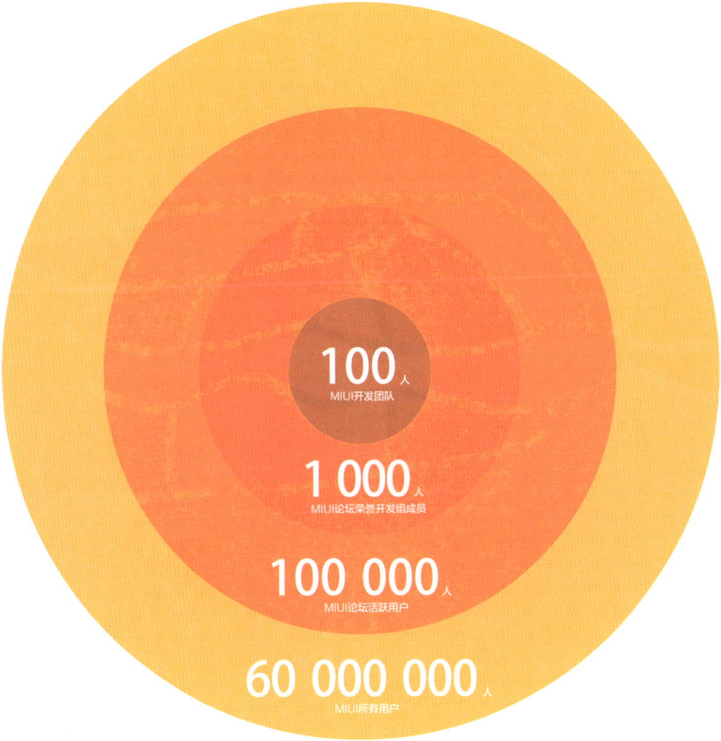

MIUI 10 万人的互联网开发团队模型

优先处理浮出水面的需求

优先处理浮出水面的需求

当 MIUI 每天有 10 多万用户都在论坛提交需求时，如何排序这些海量需求的优先级？

我们内部面对产品需求有长期、中期和短期的定义。长期开发方向雷总每 1~2 个月会和团队沟通约定，中期和短期基本就是在和用户互动中，碎片化产生，这个过程也会反过来修正我们设定的长期目标。

处理碎片化的需求，我们的方法有三个：

（1）优先处理浮出水面的需求。在论坛做恰当的帖子辅助功能，主要帮助用户尽量格式化提交需求，另外在碰到同样需求的时候，能直接跟着表达“我也需要这个功能”。这样，每周下来，你会发现紧急的功能开发需求自然会按热度排到帖子前面。

（2）第一时间公示需求改进计划。“橙色星期五”的每周更新，论坛会有完整的更新公告帖，列清楚更新了哪些功能，哪些是推荐的。另外对于单点的需求讨论，讨论结果往往是投票结果，都会公示在论坛；团队也会定期把未来一个月的更新计划做个说明。

（3）让团队结构也“碎片化”。就是说 2~3 人组成一个小组，长期改进一个功能模块。给他们自主权，在和用户交流中，有 30% 的模块自己就定义开发了。过去也确实出现过，有用户天天围着某个工程师，后来开发了看起来并不是很急需的功能。但我们整个项目都是每周更新，迭代很快，出错了的方案也不要紧，过两周就改对了。

做产品，我和团队举例说：就好比一辆车在路上，只要大方向选清楚了，哪怕偶尔偏离路线或偶尔减速都不怕，其实最怕的就是经常 180 度掉头并且反复，或者停下来不动了。

有些项目不适合立刻对外发布测试，如何找到需求反馈？

创业起步阶段，怎么有效就怎么来，那就动员内部来测试。小米加步枪干革命，说一个我们“大卖部”的小故事。

2010 年 7 月，我们决定自己做电商，4 个工程师仅用 1 个月就开发出电商后台的第一个版本。为了测试，我们在电商平台做了面对内部员工的“1 折卖可乐”，这就是我们的“大卖部”。真正的订单，真正的收费，真正的配送签收（我们的工程师都跑去“送货”），每天进货，每天盘点，这样就提前发现并解决了电商系统的很多问题。等到 8 月 29 日系统真正上线时，一切都很顺利。

用户体验的核心是为谁设计

用户体验的核心是为谁设计

小米首次融资时，有天晚上雷总带我去见日后我们最重要的投资者之一，晨兴创投的合伙人刘芹。

我们在北京四环边上的一个酒店会面，那天聊到很晚。刘芹看重的是小米软硬结合的创新模式和对用户的理解，聊着聊着突然他问我一个问题："什么是用户体验？"

我当时回答说：用户体验就是"好用、好看"。翻译成设计语言是 UI/UE（用户界面 / 用户体验）的话题，但是，"为谁设计"是最重要的先决条件。

确定为谁设计、好用、好看，这是我理解中用户体验的三个"渐进式命题"。

"为谁设计"，很多人都可能忽略，但这是用户体验设计的原点，在它确定之后，设计坐标系统才能明确下来；而如果没有它，就无法正确定位产品好用、好看的努力方向，产品设计

就会很苍白，因为不同用户群体的需求可谓千差万别。

比如老人群体、女性群体，我们就必须进行针对性的设计。试想，如果老人机的界面按钮配色用“中性灰”，而不是用“撞色的强对比”，那老人用户用起来就极度吃力。

定义为谁设计，这是产品经理、设计主管，甚至 CEO 的活儿，而如果 CEO 没有这样的认知，那么设计师就有责任且必须担负起这样的思考。

而在好用、好看之间，好用永远都是第一位的。我们的原则是“保证好用、努力好看”。

这其中就涉及取舍。比如我们的“短信最近联系人”功能，其实原本有另一个设计方案是将其关掉的，这样能显得界面更优雅简洁。但我们发现用户对这项功能非常喜爱，好用的价值显然大过了好看的价值，于是我们又重新加了回来。

又比如我们的下拉通知栏是九宫格形态的，如果仅仅从视觉体验性角度看，关掉它可能更好看，但是从用户反馈看，仍然是效率第一、好用第一，于是我们就保留了这样的设计方案。

在好用之后，我们的追求是好看。好看也分两个阶段。第一阶段就是个性漂亮；第二阶段则是形成风格化，是好看的“进化”，让设计变得系统、独特而优雅。MIUI 的设计已经进化到了第二阶段。

MIUI 从 2010 年第一版到 2014 年第五版，我们都在追求好看，所以我们拿出了“百变锁屏、千变主题”。“好看个性”是

写新短信界面

写新短信界面展开联系人方案

通知栏界面

通知栏界面开关展开方案

我们当初挑选并坚持的突破口，因为早期安卓系统还比较粗糙，界面也实在不够美观。我们甚至提供了可编程级的主题，做了极深度的美化，甚至连锁屏界面上都可以玩游戏、做交互。

MIUI 不断发展，经历五个版本之后，我们也开始确立起风格化路线了。我们自身的视觉、交互元素更系统、更规范，更有自己独特的 DNA（脱氧核糖核酸，这里指基因），类似全局的圆点按钮和消息弹窗设计。

无印良品的设计总监原研哉也说过：设计的原点不是产品，而是人——创造出用着顺手的东西，创造出良好的生活环境，并由此让人感受到生活的喜悦。

“为谁设计”不仅要在设计执行中考虑，在项目管理产品决策层面也尤为重要，它能帮你找到节奏感，哪些功能做、哪些不做，定义轻重缓急。MIUI 发展的第一年，我们 100% 专注在发烧友群体，当时我们没有考虑给“小白”（对互联网知之甚少）用户提供刷机工具，当时的产品只有开发版，没有稳定版；但在用户总数超过 1 000 万之后，用户群的构成变得更广泛了，我们才有了不同的考虑和方案。

MIUI 百变锁屏

15:26
2014/05/07
星期三
晴 24°C
01:19
5月4日 周日
晴 26°C~11°C
相机
图库
音乐
主题风格
设置
应用商店
系统工具
米聊
拨号
联系人
浏览器
短信
20:26
2013.09.23 星期一
Hey! 来一罐可口可乐
Have a Coke?
21:47
2013.03.15 星期五
Hey! 来一罐可口可乐
Have a Coke?
21:47
2013.03.15 星期五
Hey! 来一罐可口可乐
Have a Coke?
永远相信
美好的事情
即将发生
Always believe that something wonderful
is about to happen
13:20
13:20
你的时间有限，所以不要浪费时间
活在别人的世界里。
相机
图库
音乐
主题风格
设置
应用商店
系统工具
米聊
Call
Nice
Beautiful
Hi:
拨号
联系人
浏览器
短信
13:20
日历
便签
电子邮件
系统更新
百度地图
天气
文件管理
时钟
计算器
录音机
手电筒
收音机
指南针
下载管理
微博
QQ
Call
Nice
Beautiful
Hi:
拨号
联系人
浏览器
短信

MIUI 千变主题

活动产品化，产品活动化

活动产品化，产品活动化

小米式电商是如何做流量的？在销售环节如何构建参与感？

小米网是精品电商，产品是爆品策略，每一款爆品自身就是拉流量的广告商品。

我们每周二中午12点的开放购买活动，在整个电商领域算是首创。我们从发布小米手机1代、2代到3代都坚持了开放购买，这就是大家所说的“红色星期二”，它就是根据“参与感三三法则”构建的。

“红色星期二”专为刚上市3个月内的、供不应求的产品而设计。流程是用户先在线预约购买资格，预约的用户才有权限参与周二的抢购。每一次开放购买，当时间临近12点时，小米网的流量陡然上升，数百万用户涌入抢购他们想要的小米产品。对于销售的同事来说，这样很爽，每周只销售一次就可以，其他时间都可以放假去了；不过对于负责网站后台的工程师来说，这真的是“压力山大”。

由于急速增长的在线销售流量，小米刚开始在网上销售手机的那几个月，每次我们一放货，服务器就被挤爆至死机，然后我们就挨用户骂。我就去质问工程师们：“你们能不能搞定？”结果，他们压力极大，他们把开放购买日叫作“黑色星期二”。

有一次，我们的一位主力工程师经过很大的努力优化了程序，但是他仍然对系统能不能顶住巨大的流量心里没底，于是，他在办公室里祈求保佑。结果那天系统经受住了考验。随后我们的开放购买基本上就很少出现服务器死机的情况了，而每次开放购买日之前，工程师在办公室祈福则成了我们电商开发部门的一个小传统。

开放购买过程中有很多细节，我们把整个活动过程打包成一个产品，持续地改进。比如说我们要持续地和黄牛做斗争，预防机器人刷资格号。最初只是有验证码就可购买，后来用户需要把手机号绑定认证后才能去买，这样很多黄牛用机器人抢购的方式就基本不可能了。

我给策划团队提出命题，能不能让每次开放购买活动都成为话题？

最初用户可以发一条附带我们产品图片的微博，去宣告一下他的成功预约。这样，一个单纯的销售预约活动同时也成了数百万用户参与的社会化媒体活动。而当每周二开放购买开始后，能够顺利买到小米产品的用户，也会通过微博、微信和论坛等渠道去和他们的朋友分享购买成功之后的喜悦。后来我们在预约流程中加入了一些有意思的小环节，比如分享你最喜欢小米手机哪个功能，你最喜欢哪种代表你个性的多彩后盖。预约小米电视时我们甚至让用户可以亲手搭配出一个自己的虚拟客厅，然后再来选择电视的颜色。我们帮用户生成精美的分享图片，让大家的预约和购买都可以发微博炫耀。

工程师在开放购买活动前祈福

这是小米市场销售活动的微创新，我们实现了“活动产品化”，把活动当作产品来设计和运营，持续优化。

小米在销售方式上以用户参与感为指导做出了销售方式的

创新，把原本单向的购买行为变成了很有参与感、交互性的一次活动。而且这个活动很热闹，也形成可分享的话题，给用户提供了独特的体验。

就这样，一整周下来，小米的每周二开放购买活动，成了一场全新的围绕着消费者参与式消费的盛大活动。伴随着每周一次的脉冲式社会化网络传播，小米自身也在这样的节奏下不断成长。曾经给我们带来巨大压力和烦恼的“黑色星期二”，真的成了小米的“红色星期二”。

做电商行业的都知道，这是门流量的生意。购买、收集流量，计算 ROI（投资回报率），都是极为复杂并且痛苦的。我们是不是可以把流量导入做得更有体系、更可预知些呢？其实，“红色星期二”的另一面也是对流量的梳理和组织。当然，首先产品必须是爆品，有足够的吸引力，在此基础上，我们通过“活动产品化”的设计思路，提前组织好导入流量，做好话题输出。

与“活动产品化”对应的我也常说“产品活动化”，指做产品要运用运营思维，把一些活动的环节植入设计成为产品的功能。

比如说 MIUI 的每周升级，有两个设计比较有意思：一个是升级公告会每周有视频教程，用户看完视频也可以到论坛交流；另一个是系统升级重启后，我们会有消息引导用户去微博分享最新版本的体验。

改改改改改改改
改改改改改改改
改改改改改改改
改改改改改改改
改改改改改改改
改改改改改改改
改改改改改改改
改改改改改改改
改改改再改改！

极致就是先把自己逼疯

极致就是先把自己逼疯

如何把产品做到极致？

不要迷信大师，也不要迷信灵感。所谓大师或灵感只是指出了正确的方向，其实一切才刚刚开始！极致的产品背后都是极大的投入，都是千锤百炼改出来的。

红米1代发布后取得了巨大的成功，QQ空间10万台首发有超过700万人预约购买。后来网友很奇怪为什么红米1代的产品代号叫“H2”而不是“H1”？“H1”是1代，在1代工程机出来后，硬件流畅性达不到我们要求的标准，后来就取消了，继续研发的第二代红米才达到我们发布的要求。为了极致的产品体验，我们损失的红米1代前期投入就近4 000万元。

很多用户第一次拆开小米手机的包装盒都感到很惊艳，包装盒极其简约又有很高的品质感！他们会把包装盒保留下来当收纳盒。分享下小米手机3包装盒背后的设计改进过程。

工艺上改进的一小步都会成为体验上的一大步。为了保证纸盒边角的“绝对棱角”，我们专门从国外定制了高档纯木浆牛皮纸，以便于进一步的加工处理。材质选择还只是开始。包装工程师除了改进制造工艺之外，还对纸张进一步加工。揭开包装盒表层就可以发现，纸张背面的折角位置事先用机器打磨出了12条细细的槽线，这样才能确保每一个折角都是真正的直角。一张牛皮纸的厚度只有零点几毫米，要在上面精密开槽，算是用心到极致了。

除了棱角之外，为了保持它的坚固耐用度和使用便利度，工程师们做了大量的试验。比如包装盒在制作成型后通常会略向外扩张，因此要将盒壁设计成向内倾斜合适角度以抵消膨胀。又比如为了避免手机晃动同时又能轻松取出，手机托盒底部边长都比上部减少了1毫米，形成梯形。

整个设计团队历时6个月，经过30多版结构修改，上百次打样，做了1万多个样品，最终才有了小米手机包装盒令人称道的工艺和品质。一般厂家做一个包装盒的成本通常是2~3元左右， 而小米的包装成本将近10元， 但我认为这个投入非常值得。

再看看我们的发布会演示文稿是怎么“炼”成的。

每次新品发布会，我们会成立专门的演示文稿撰稿组，包括文案和设计师，5人左右的团队会工作一个半月。雷总会直接牵头参与设计，大到内容框架小到甚至一个文字的配色，大家很难想象，这些文稿都改过近百遍。每一次撰稿组的同事临近发布会最后一周的口头禅都是：快疯了！真的疯了！

2013 年 4 月 9 日的发布会，我们从 8 日晚上彩排到 9 日凌晨 1 点。发布会开始前半小时，80% 的参会者基本都到现场了，突然人群中一阵骚动，原来雷总提前来到了会场。他穿过人群走到中控台，对负责文档的设计师说："在昨晚的基础上，还有几个地方，我们再改改。"

极致就是先把自己逼疯！就是敢于改！改！改！再改改！

小米手机 3 包装盒

产品第二，团队第一

产品第二，团队第一

创业成功最重要的因素是什么?

最重要的是团队，其次才是产品，有好的团队才有可能做出好的产品。

创业其实是个高危选择，大家看到成功的创业公司背后都倒了一大片。不少今天很成功的企业，当初都经过九死一生。比如说阿里巴巴，马云带领团队 1995 年做中国黄页，失败！接着 1997 年做网上的中国商品交易市场，算是阿里巴巴雏形，还是失败了！阿里巴巴今天的商业帝国，大家看到淘宝、支付宝和天猫等明星产品，其实最有价值的是背后的团队，尤其是马云和他的 18 个联合创始人。

在小米成立第一年，雷总花了绝大多数时间做的事情就是找人！

其中搭建硬件团队花了最多时间。因为我们刚开始的几个创始人都来自互联网行业，不懂硬件也没有硬件方面足够的人脉。在第一次见到现在负责硬件的联合创始人周光平博士之前，我们已经和几个候选人谈了两个多月，进展很慢，有的人还找了“经纪人”来和我们谈条件，不仅要高期权而且还要比现在的大公司还好的福利待遇，有次谈至凌晨，雷总、林斌（联合创始人、总裁）和我都觉得快崩溃了。

转机直到周博士出现。据雷总讲，他和周博士在第一次聊了一个小时后就敲定了；而后来据周博士私下和我说，谈到第15分钟时他就下了决心出来一起“闹革命”。这个“闹革命”就是做最好的手机并且成本价卖，这是他自己多年来的夙愿。

周博士在手机硬件行业工作了20多年，是全球知名手机天线专家，周博士加盟后，硬件团队的组建可谓在黑暗中撕开了一个口子，有光进来了，大家看到了希望。我们在接下来短短的一个月内就敲定了10多名拥有近15年经验的硬件工程师。

面对我们这家刚起步的创业公司，有些面试候选人还会犹豫，这时候怎么办？

雷总和我们创始人团队，轮番上阵面谈，有很多都是一聊就近10小时。小米手机硬件结构工程负责人的第一次面试是在雷总办公室，从中午1点开始聊了4个小时，我上了个洗手间回来后，雷总说他把饭订好了，大家继续聊。后来聊到晚上11点多，面试者终于答应加盟小米。过后他自己半开玩笑说：赶紧答应下来，不是那时多激动，而是体力不支了。

在小米创办4年后，我们的市场估值100亿美元，业界把我们看作创业的明星公司。但在这种前提下，我们找人依然花费巨大的精力，主要因为我们想找的人才要最专业，也要最合适。

最专业，就是行业经验和专业能力，尤其是招聘工程师，1个靠谱的工程师不是顶10个，可能是100个；最合适，则是他要有创业心态，对所做的事情要极度喜欢。员工有创业心态就会自我燃烧，就会有更高的主动性，这样就不需要设定一堆的管理制度或KPI考核什么的。

我看到乔布斯的一句话，非常震撼："我过去常常认为一位出色的人才能顶两名平庸的员工，现在我认为能顶50名。我大约把四分之一的时间用于招募人才。"据说乔布斯一生大约参与过5 000多人的招聘，组建由一流的设计师、工程师和管理人员组成的"A级小组"一直是乔布斯最核心的工作。

让用户来激励团队

让用户来激励团队

创业心态有时更通俗地说就是热爱，如何持续激发团队的热爱？

首先，让员工成为粉丝。每一位小米员工入职时，都可以领到一台工程机，要把它当作日常主机使用；其次，让员工的朋友也成为用户，每位小米员工每月可以申领几个F码（friend code，即朋友邀请码，拥有在小米网上的优先购买资格），送给亲朋好友，让他们也使用起来；最后，要和用户做朋友。

对于使用自己的产品，很多传统企业是兔子不吃窝边草。在小米，我们甚至开玩笑说“让丈母娘也要用好自己的产品”。

我知道有不少企业限制研发部门和外界接触。在MIUI起步之初，我曾要求工程师们养成泡论坛接触用户的习惯。一开始有些很资深的工程师觉得不可思议，像他们都是有5年、10年的工作经验，觉得自己安心写1个小时的程序，远比面对一个用户唠唠叨叨的价值更高，基本都是这样的理论：“让小米客服面对用户不就行了？”

我说：“在小米不能这样干，如果你不理解，你就把它当工作考核。”

在小米泡论坛就是工作，不忙时泡 1 个小时都可以，如果很忙那就 15 分钟。这个要求一开始是强制执行，每天都要求这样做。那段时间，我们甚至将 buglist（漏洞列表）测试系统与用户社区做在了一起，用户与内部开发组反馈的问题出现在同一个任务列表上，以相同的级别去对待。我们建好这样一个平台，并且让整个团队进来，这样才能真正去面对用户。而让一线产品经理和开发工程师面对用户，这样他们才能够抓住用户真正需要什么。开发团队面对的不再是冰冷的数据报表，用户面对的也不是单调的更新日志。

我们小米人对产品的爱，就像产品是我们的孩子一样。说两个关于雷总的故事。

2011 年 5 月，小米手机 1 代第一台工程机刚刚调试能打通电话时，还是一块趴在桌子上的电路板。那天我们正在办公室开会，听硬件工程师一说，雷总没有和我们打招呼，第一个就冲出了办公室，跑到工程师的工位上，弯下腰就想听听，由于声音比较小，雷总连着侧了两次头，恨不得把头完全贴在桌上听那第一声通话。

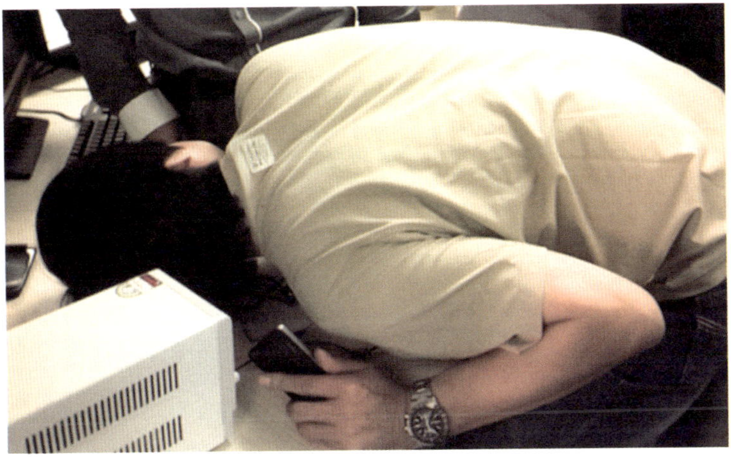

2011 年 5 月，雷总听第一部工程版小米手机的“初啼”

小米手机 1 刚出来时，大家对国产手机都有山寨化的质疑，担心我们的手机质量不好，不相信我们的做工用料。在出席小型媒体沟通会的时候，一旦有记者提出质疑，雷总不管后面会议安排是什么，都会停下来，耐心和大家讲我们的元器件来自世界一流的供应商，讲我们用了苹果用过的组装工厂等等，讲到激动的时候还忍不住现场演示摔手机，想形象地告诉大家我们的手机抗摔、质量过关，一摔还不是摔一次，而是两三次。

再说一个早期我做小米最“压力山大”的事。

2011 年 10 月，小米手机刚开始发售，产能刚爬坡，一天只能生产 500 台，最多 1 000 台手机。然而，第一次预约购买手机的用户就超过 30 万人，这让我们备感压力。从生产到物流，从客服到售后，每一个环节小米都是初学者。那个时候小米才 100

多人，从上到下每天都很紧张。我们为了能够尽快提升产能，每天都工作到很晚。

有一天工作到凌晨两点，回家路上感觉心里堵得慌，我就把车停在路边下车发呆。因为这原本是我们承诺供货的日子，但由于泰国突发洪水，手机电池供货延误导致承诺没兑现，小米论坛里铺天盖地都是用户的骂声。

这时我突然收到一条微博私信，是我们最早期的用户 Leo 发来的，说做了个东西给我们，希望小米挺住。这是一段发在小米论坛的视频，全国各地的用户在视频里喊出了四个字："小米加油！"

那一瞬间我热泪盈眶。

还有更多的感动是来自日常全国各地的用户送给我们的小礼物。最开始这些小礼物摆在我们的办公桌上，后来专门买了个柜子来陈列，现在我们要用两面墙的陈列柜来摆放了。

给大家看部真正用小米做成的"手机"，我不止一次地跟别人说，在这部"小米"手机面前，已经生产出来的几千万台小米手机恐怕都是"山寨"的。因为这台"小米"手机，是我们的一位用户用真正的谷物小米，粘出来的一台小米手机的模型。

很难想象，一个普通的消费者会专门向卖给他产品的企业赠送亲手制作的礼物。这是因为，用户和小米的关系不仅仅是买和卖的关系，而是用户深入参与到小米的成长过程中，和小米建立了深厚的感情。

做出有爱的产品，用户就会回报予爱。用户的爱会持续激励团队！

用户用小米手工粘成的“小米手机”

品牌篇

不是劈开脑海，而是潜入大脑

不是劈开脑海，而是潜入大脑

我是谁?

这是做品牌要解决的第一个问题，关乎定位。

经典定位理论是指开创并主导一个新品类，如何在潜在用户的心智中与众不同。小米品牌的胜利，首先是“互联网手机”这个新品类的胜利。

这个新品类的创新在哪里？大家看到的就是通过互联网来研发，通过互联网来发行，以电商为主。实际上背后首先是产品形态发生变化了，手机系统是“活”的，根据用户的意见每周更新；其次还有商业模式的改变，我们坚信未来的硬件肯定是成本定价。那么与之配套的商业模式呢？是以移动互联网应用服务为主，而不是以现在的手机硬件利润为主，所以这个“互联网手机”新的品类从产品形态到发行、再到整个商业模式都不一样。

小米做所有产品，都会先考虑产品的品类逻辑。因为用户

做选择时，他的内心是先选品类，再选品牌。小米做手机，开创了一个全新的品类：互联网手机。小米做电视，也是开创了一个新品类：年轻人的第一台电视。

我们做红米手机，也是主打一个核心品类：千元神器。我们在战略上对红米有明确的界定，它对2 000元的小米手机是个补充，打的是千元机的市场。在中国这个市场，做智能手机不外乎就这几个档，千元以下和千元以上的，千元机本身已经是一个既定概念，是一个品类。1 999元是小米从市场撕裂开来的独特价位。

看看在其他领域的品类杀手，把它们曾主打的广告语仔细研究下，都不是做简单的营销而是强化品类的教育。比如：红牛功能饮料，“渴了喝红牛，困了、累了更要喝红牛”；加多宝凉茶，“怕上火，就喝加多宝”；云南白药创可贴，“有药好得更快些”等。

今天的互联网时代，定位在操作方法中，还是和以前一样讲究用户群聚焦和传播信息简化，但我认为有两个重要变化：

（1）以前是竞品思维，现在是产品思维；

（2）以前是劈开脑海，现在是潜入大脑。

竞品思维在前期分析可以使用，但在做产品过程中是很忌讳的，变成只关注对手而不是用户。互联网思维讲的“专注、极致、口碑、快”就是产品思维，关注的是产品所创造的价值，把产品做到极致。劈开脑海的典型做法，试图洗脑式教育用户，长期狠砸广告；潜入脑海则是口碑推荐，让用户参与进来。

劈开脑海做品牌，做得最极端的例子就是做保健品的方式。在见不着产品影子在哪的时候，就不断“教育”你，说它怎么怎么样对你有好处。潜入用户大脑做品牌，不是广告式的，而是口碑渗透式的，在用户使用过程中不断做产品和服务创新。京东（JD.com）的创始人刘强东在创业初期，从柜台做起。京东曾经是中关村第一个明码标价的商家，初期差点儿因为没有钱、没有渠道、没有客户而没法生存。但是，3 个月后，客户的口口相传产生了巨大的威力，他从 1 个柜台，发展到 4 个柜台……这种潜入用户大脑的方式，虽然慢，但威力更大。

什么是小米品牌的潜入路线？小米做 MIUI 也好，做手机也好，用户群是从最核心人群不断地扩散，先渗透专业发烧友用户，再不断扩散，一层层迭代过去。在产品功能方面，也是渗透潜入式，比如 MIUI 用户的感知先是系统流畅速度快，接着是好看，再接着有很多类似自动识别服务号、免费 WiFi 热点接入等有特点的生活功能植入，使用户觉得产品越来越人性化、很好用。无数微创新的功能和服务带来用户的愉悦感，不断潜入用户大脑，用了很长时间 MIUI 系统的用户觉得“上瘾”，再用其他系统一比较就觉得难受。潜入式这种威力绝不是劈开大脑可以比拟的。

我们今天传播上很多打法的创新都是因为没有后路而被“逼上梁山”了。在 2010 年创业刚启动时，我们专门分析了当时两个大热的品牌。

一个是做快时尚的凡客（vancl.com）：

（1）媒介投放资源上很聚焦，只投放路牌广告，而且一投就打透。用有限的钱，花出最大的效果。

（2）作为互联网的新生品牌，在找代言人的时候，找当下最热的新生代偶像，同时在大众层面又能励志正能量的，比如“超女”冠军李宇春。

（3）凡客是少有的在广告上直接标价格的，实际上凡客是拿29元的T恤和69元的帆布鞋做了广告商品。

另一个是主打音乐手机的国产手机品牌：

（1）媒介资源的整合非常彪悍，几乎把所有卫视与音乐、娱乐相关的节目都冠名了。

（2）明星策略，找巨星不找偶像，比如国际巨星莱昂纳多的代言就很成功。

（3）品牌包装很取巧，很多人都以为它是个韩国品牌、法国品牌，因为它从品牌的名字到品牌的设计都偏日韩范、国际范。但它销售的主流市场是二、三线城市，这点是它很高明的地方。

2011年6月，我们开始找小米手机的营销负责人，我跟雷总见了若干人，来的人总爱跟我们说，“你去打广告”“你去开实体店”……我们很失望，小米要找的并不仅是销售，而是一个真正理解互联网手机理念的人。

两个月过去了，还没有找到合适的人，雷总说：阿黎你上吧。

一开始，我们做了一个3 000万的营销计划，想借用凡客已有的媒介资源计划做一个月的全国核心路牌推广，结果当面被雷总“拍死了”。他说：“阿黎，你做MIUI的时候没花一分钱，做手机是不是也能这样？我们能不能继续不花一分钱去打开市场？”

当时我的第一反应是，做MIUI系统，用户是不花钱就可以使用的，做手机，用户是要花钱购买的。那时候，我心里也会打个问号：手机是2 000块的东西，如果你最后不花一点儿广告费，让用户来买单，是不是真的可行？

小米是全新的品牌，没有钱，没有媒介，没有广告投放。没办法，我们只能死磕新媒体。

于是我们拼命在论坛和微博上想办法。一开始，我们选择熟悉的论坛进行操作，论坛的最大特点是能沉淀老用户，但它在用户群扩散方面速度比较慢。当时微博刚刚兴起，微博是论坛的一个很好的补充。我们开始好好研究微博的玩法，找到了一条以互联网方式做品牌的路径。

每个人都有调性，每个品牌都有自己的调性。今天在互联网上，用户对品牌的真实感很在意。

很多品牌在传播上找不着道，不外乎：

1. 讲“我是谁”时不敢讲真话，整天拿一些高大上的词来概括自己。

2. 用户数没达到一定规模，在没有讲明白“我是谁”的基础上，整天要去“傍大款”，莫名其妙地搞所谓的跨品牌合作，所谓的明星策略都是假大空，是歪门邪道。

先做忠诚度再做知名度

先做忠诚度再做知名度

小米做品牌有什么独门秘籍?

小米做品牌的路径不一样，这跟我们对商业模式和消费需求变化的理解直接相关。

功能消费时代是无品牌，进入品牌时代，品牌是企业的品牌，而今天，我们应该建立的是用户的品牌，就是让用户参与进来。

通常来说，传统行业的品牌路径是，先砸知名度，再做美誉度，最后是维护忠诚度。互联网企业由于产品即品牌，所以通常是先做美誉度，然后再做知名度。在强调工具化价值的互联网产品中，忠诚度基本很难建立。

小米做品牌的路径：一开始只专注忠诚度，通过口碑传播不断强化这一过程，到了足够的量级后，我们才投入去做知名度。

比如 MIUI 用户就是从最初的 100 人开始积累，并通过口碑传播不断扩散，如今已超过了6 000万人。在用户积累早期，我们特别注重忠诚度的积累和初期用户的纯粹度。当时曾有同事建议我们做一款MIUI专用的刷机软件，我否定了这一想法：此时还不适合尝试更大规模的推广，应当专注于发烧友用户的召集，保持早期种子用户的纯粹性，如果一般的“小白”用户过早大量涌入，MIUI初期的核心群体口碑积攒能力就可能受损。

对于一个品牌，知名度意味着能让用户听见，美誉度意味着走到了用户身边，而忠诚度则代表已在用户心里。所谓的粉丝文化，就是看你的品牌有多少忠诚的用户。

被苹果以30亿美元天价收购的高端耳机Beats，是我喜欢的一个品牌。它能超越索尼、BOSE这些传统的大品牌，成为高端耳机的第一品牌，最重要的一个原因，就是Beats的粉丝文化。它的创始人是美国知名饶舌歌手Dr.Dre，而且它用了各种大胆的方法制造用户的认同感和参与感。

小米一直在认真维系粉丝用户，通过提供参与感来让用户持续喜爱，成为朋友。在赢得了足够的忠诚度之后，我们才选择通过市场广告投放的营销方式扩大传播。2013年、2014年，小米手机在春晚期间做了品牌形象广告，投放力度也逐步加大，这是建立在我们已经拥有了千万量级的粉丝用户的基础之上。

参与感是小米品牌理念中的灵魂。我认为，年轻一代消费的是参与感，他不单单说我看到你、摸到你，还需要能够参与进来跟你一起成长。

有人觉得小米的用户很“疯狂”，其实大家不知道我们团队和用户的关系，用户的参与度是远超大家想象的。直到今天，我们都会很克制，尽量不去打广告。我们想的是如何延续我们在一开始建立起的模式：怎样让用户发自内心地喜欢我们的产品，怎样能把产品的体验，把产品的美誉度做到用户的心里去。

粉丝效应让猪也能飞

粉丝效应让猪也能飞

粉丝效应在小米是如何形成的呢?

"台风口上，猪也能飞"——这句话是雷总对"顺势而为"很形象的调侃，他极为推崇"顺势"的做事理念。2010年雷总创办的投资基金就叫"顺为"。如果把创业人比作幸运的"猪"，行业大势是"台风"，还有用户粉丝的参与也是"台风"。

《100个梦想的赞助商》是2013年我们推出的年度微电影。它讲述了小镇上的一个年轻人坚持赛车梦想的故事，故事原型来自小米成立之初的真实经历。MIUI发布第一个内测版本时，第一批用户只有100人。当时小米默默无闻，也没任何推广，这最初的100名用户成了小米最珍贵的种子用户。我们把他们称为"100个梦想的赞助商"，在MIUI的第一个正式版本里，我们为了表达谢意，把这100名用户的论坛ID（身份标识号码）写在了开机页面上。

这 100 个名字，也印在了微电影中那辆赛车车身上。这是一部向用户感谢和致敬的微电影，也成了用户群体和小米员工心目中的经典之作。

这最初 100 个梦想的赞助商的口口相传，为我们后续每一周的更新都迎来了倍增的新用户。他们最早证明了小米的设想：口碑对于好产品的强大推力！截至 2014 年 6 月，MIUI 用户已超过 6 000 万。

早在第一代小米手机尚未发布之前，在 MIUI 论坛上就出现了对产品特别热爱的用户粉丝群体。最早这一称号并不统一，有的叫“米友”（与 MIUI 谐音），有的叫“米饭”，后来逐步自发统一为“米粉”（Mi Fans）。“米粉”是小米活跃用户群体的总称，他们积极参与到小米的产品研发和品牌塑造等各个环节中。2011 年 7 月我第一次面对媒体，说小米做发烧友的手机，说我们相信好产品会说话，用户会相互推荐我们的产品。很多人都不相信小米能成功，但正是这一个又一个用户对我们的认可，推动了我们前行。所以小米内部有一句话：“因为米粉，所以小米。”

我认为粉丝效应是无法设计的，可以理解它是互联网思想家凯文 · 凯利“失控理论”的一种表现。

用户群体性的无意识认知，最终选择决定了最适合该群体的行为方式，而这其实是最优化的结果呈现。粉丝经济效应出现后，有的企业也看到了其中的价值，但他们恰恰做反了，在

MIUI 首次内测的启动封面

《100 个梦想的赞助商》的微电影

开始做用户互动之前就刻意策划设计了粉丝群体名称等，反而让用户失去了至关重要的参与感，这并不可取。

粉丝效应都是从一个小族群开始，大家因为某个共同兴趣而聚在一起。去中心化的互联网，未来将分化出无数的兴趣族群。

小米先做了 MIUI 软件系统，再发布手机硬件。软硬件都是坚持“为发烧而生”，手机硬件高性能，软件系统可定制可玩性很高，产品特征鲜明，吸引了很多发烧友用户。MIUI 最早的 100 个梦想的赞助商是小米用户的原点，MIUI 发布一年后的 50 万发烧友是小米手机硬件的种子用户，小米手机上百万的论坛活跃用户是小米所有几千万用户的原点。

粉丝效应不可设计，但可因势利导，应给予他们更多可参与的互动方式。

MIUI 基于用户意见每周更新的“橙色星期五”，小米网开放购买的“红色星期二”，还有，小米线下活动的“爆米花”，每年的公司庆典“米粉节”，这些都是我们给粉丝提供的参与感！

“米粉节”源于 2012 年 4 月，在小米公司成立两周年时，公司想做一场庆典，雷总和我都觉得，小米成功的核心因素来自“米粉”的支持，就把公司的庆典定义为一年一度的“米粉节”，做活动回馈用户，和用户同乐。

2014 年 6 月 7 日，在珠海举办“爆米花”线下活动。按惯例，我们的同事 6 月 6 日早上，从北京准备坐飞机到珠海布置会场。谁料那天下暴雨航班延后，我们无比焦虑，想改道先到

米粉家里收集的小米产品

2012 年第一届“米粉节”现场

深圳或广州，几番折腾，后来从广州赶到珠海已经是 7 日凌晨 1 点。但“爆米花”会场，却在我们赶到珠海前，提前就搭建好了。幕后的英雄，是我们 10 多位珠海本地的米粉志愿者，他们在我们候机过程中，在 2 200 公里外和我们电话协同完成了会场的搭建。

这就是粉丝的力量！这种感动，时刻激励着我们永怀初心！时刻提醒我们就是一只幸运的“猪”！

每个用户都是明星

每个用户都是明星

如何引爆线下的“参与感”？

我们做了“爆米花”线下活动，它实际上是用户的见面会。“爆米花”活动体系包括了我们官方每年组织的几十场见面会，用户自发组织的五百多场同城会，以及每年年底的“爆米花年度盛典”。

第一次搞“爆米花”活动是在2011年9月，小米手机才刚刚公开出现在公众的面前不到一个月，知名度还非常有限。我们相继在上海和广州，主办了两次“爆米花”用户活动。用户的热情超出了我们的预期，我们在上海五角场那里租用了一个能容纳差不多200人的场地，却涌入了近400人，不单有上海本地的米粉，还有周边地区如苏州、无锡等地专程赶来参加活动的米粉。

“爆米花”线下活动的想法最初来源于车友会。车友会就是大家为买车、玩车的话题泡论坛，以及线下聚会“腐败”。当年我买第一辆车时，就在各大汽车论坛泡了两个月，后来发现身边的朋友和小米公司的很多同事也都是这样，泡爱卡论坛也好，泡搜狐汽车也好，总是想通过论坛里其他网友的推荐，选最适合自己、性价比最好的车。在完成购买的过程中，我们会认识很多朋友，叫“车友”。大家都特别相信身边“车友”的口碑推荐。

后来我们发现用户买小米手机的过程和买车的过程很像，会货比三家，既看配置，也看口碑。发烧友买手机的时候，他们会把所有的参数都拆开来比较：屏幕多大？到底是 4.5 英寸[①]的还是 4.7 英寸的？ CPU（中央处理器）到底是双核还是四核？主频到底是 1.5GHZ（吉赫）还是 1.7GHZ？功耗怎样？电池容量到底是 2 000 毫安时还是 3 000 毫安时？他们对参数的了解远超很多人的想象。

更多用户买小米手机其实是靠口碑推荐来做出最后的购买决定。我们很多用户会把小米手机推荐给办公室同事和家人、朋友，结果一办公室的同事们、一家人都在用。比如，我们的红米手机中有 30% 的用户都是买来送给家里的老人、小孩用。

对于很多发烧友来说，小米手机不仅仅是个能打电话、发短信和装几个 App（智能手机的第三方应用程序）的小设备，小米手机的可玩性非常高，值得大家在一起交流和相互炫耀的

① 1 英寸 = 2.54 厘米。——编者注

爆米花年度盛典

《爆米花》杂志和活动现场

地方非常多。我们想，能不能效仿车友会的模式也建立一个平台，让喜欢玩小米手机的用户，能够在一起相互交流呢？所以我们做了“爆米花”。

“爆米花”活动不是路演，我们不做产品体验，也不做广告，就是和大家一起玩，是用户展示自己和认识新朋友的舞台。

根据“参与感三三法则”，“爆米花”全程都让用户参与。会在论坛里投票决定在哪个城市举办；现场会有用户表演节目，表演者是提前在论坛海选出来的；布置会场会有米粉志愿者参与；每一次“爆米花”结束的晚上，当地资深米粉还会和我们的团队一起聚餐交流。

从 2011 年年底开始，我们每年到了年终的时候，都会组织一个盛大的“爆米花年度盛典”。我们把这些年来陪伴小米一同成长的米粉们，从全国各地请到北京来。这场“爆米花年度盛典”就好像一场晚会，每年这个时候，小米公司的所有创始人和团队主管都会到场，和米粉们聚在一起拍照、玩游戏，还可以吃到专门为活动定制的香喷喷的爆米花。

参与感的顶点就是“成为明星”。

在这场欢乐的聚会中，我们铺上了红地毯，设计了 T 型舞台，我们从社区数百万“米粉”中选出了几十位在各个领域非常有代表性的资深米粉，为他们制作了专门的 VCR，请他们走上红地毯，去领取一份属于他们的“金米兔”奖杯。米粉们发现，在米粉的群体中，开始有了属于米粉自己的大明星。这些大明星平时就和他们一样在小米论坛里，在新浪微博上，在米粉们自己的微信群中。这种参与感在“爆米花”活动中被推向了顶峰。此外，我们还做了《爆米花》杂志，让米粉成为时尚封面的主角。

实际上，这也是小米和很多传统品牌最大的不同：我们和用户一起玩，不管是线上还是线下，无论是什么时候，我们都在想，怎样让用户参与进来，让他们和小米官方团队一起，成为产品改进、品牌传播的“大明星”。

做品牌不要输在起跑线上

做品牌不要输在起跑线上

创业的第一步是确定产品是什么，要解决什么样的痛点。第二步才会思考公司名字、域名、品牌宣言和吉祥物等，这些品牌启动的工作，当初我们花了很多时间，我半开玩笑说，咱们不能输在起跑线上呀。

三位一体

创业之初想一个好的公司名字确实不容易，我们的主要考虑是：

（1）中文名要易记、易传播；

（2）配套的顶级域名可获得；

（3）商标可注册；

（4）便于国际化推广；

（5）生活中早已熟悉，本身带有色彩感和富有情绪。

小米诞生的第一个月，创始团队讨论过至少上百个名字，比如红星、千奇、安童、玄德、灵犀等。这些备选的名字回过头看看，有的很有趣，有的很猎奇。比如灵犀，我们想取“心有灵犀”的意头，甚至在纸上画过犀牛吉祥物的草图；又比如“玄德”这个名字来自最早讨论时所在茶馆的包厢名。

我们差点儿定的一个名字是“红星”，它有很好的识别度，而且“红星闪闪”的色彩感富有激情与正能量。原有的顶级域名所有者甚至也已向我们报价，但由于“红星”在酒类中是著名商标，有着特殊保护，所以即便是在科技类别中的工商注册也会受阻。

最终我们选择了“小米”。小米是五谷之一，温润滋养，人们耳熟能详，显得亲切平和。小米这个名字大家很熟悉，当初我去工商注册时，还有人问我们是否是个新农业科技公司。

小米的标志图形设计，是 Mobile Internet（移动互联网）首字母组合“MI”，也是“米”的拼音字母。标志图形 180 度倒转后近似一个汉字“心”，只是少了一点，意即“让用户省一点儿心”。

简单亲切的名字加上简洁的拼音域名 xiaomi.com，对于流量有最大化的帮助。即便是一些很成熟的品牌由于早期的考虑欠缺，往往没有在名字、标志和域名上做到“三位一体”的最佳优化，这样在搜索引擎和日常传播的流量上都会有所损失。

经验告诉我们，注册公司尽量别叫“xx 时代”“xx 无线”，因为这些通用名称还要加上辅助词才行。从确定成立公司起，

小米识别系统部分应用

我们就决定全力以赴要把“小米科技”注册下来，同时保证把域名拿下，如果拿不下就不要干了。

2014 年，小米正式开始进军国际市场。为此我们不惜重金买下了新的国际域名“mi.com”。当初拿下“xiaomi.com”我们花了几十万元，而这一次我们则是掏出了 360 万美元的真金白银。好处是“mi.com”更适合国际推广，更易于“Mobile Internet”概念的全球传播。

为发烧而生

从我们第一个产品项目 MIUI 开始，后来一直延续到手机、路由器等小米所有软硬件产品，“为发烧而生”的品牌战略，小米一直坚持。小米本身就是由一群爱玩的发烧友成立的，雷总和我们几个创始人，都是数码发烧友。我们在决定做发烧手机之前，就已下定决心，不管市场有多大，都坚持这个原点，先专心做一款我们自己喜欢的、专为发烧友设计的手机。

说得更直白，“为发烧而生”的意思就是“玩”。我常和大家介绍小米手机和别的手机不一样：别的手机品牌用户都是“用”手机，小米手机的用户是在“玩”手机，不仅一个人玩，还喜欢聚在一起玩。所以大家会看到我们的用户会拿手机来刷机装系统，玩蓝牙遥控车，玩延时摄影，甚至来拍月亮……小米的用户也因使用同一部手机在论坛认识，并结伴线下同城聚会。

创业的产品能够成功的前提是先挠自己的痒处。如果自己都不能真心满意，又如何去打动用户？真正在业内能做到颠覆、极致的公司往往都于此相通。前不久我们和顺丰快递创始人王卫聊天，他说，20 年前开始做快递，也是因为对当时快递行业的服务不满意，那就干脆按自己的想法做一个更好的。

好的品牌宣言和愿景要简单纯粹，表达自己内心的愿景，也能激发大家对美好的向往。譬如，谷歌提出的“整合全球信息，使人人皆可访问并从中受益”，阿里巴巴的“让天下没有难做的生意”。对于纯粹，我曾说过一个反面的调侃：“为发烧而生”的人与众不同，他们认真，不将就，他们勇敢做自己！他们认为没有不可能，要整合全球信息使人人皆可访问，让天下没有难做的生意，为了中国梦，Just Do It（只管去做）！

从 2010 年成立至今，4 年时间，小米的用户从发烧友走向了更大的通用市场，我们在准备重新设计定义“为发烧而生”的品牌宣言，公司愿景还来不及做书面化的归纳，我们最朴素的想法是“把产品做好，让人人都买得起”，这意味着小米用极客精神做产品，用互联网方式去掉中间环节，用电商行销全球。“为发烧而生”的品牌宣言也是我们的产品战略，所以，高配置、高性能和高可定制，就成了小米品牌的个性。

吉祥物米兔

吉祥物是品牌更感性的展示。并非所有的品牌都需要吉祥

物，但对于大众品牌而言，它是更为具象的企业性格和情怀的流露，能用更具柔性的姿态与用户进行情感交流。

米兔是我们的吉祥物。在确定小米的名称后，我们感觉从互联网传播的角度看，小米还需要一个吉祥物，能够让品牌整体色彩更加柔和亲切。所以，吉祥物的设计同样是和公司名字、标志在公司创办第一天就启动了。有人问，为什么小米吉祥物是只兔子？嗯，因为可用的动物形象真的不多了……

我们曾有三个比较靠谱的备选方案。

第一个是原始人，“为发烧而生”意味着小米是一家追逐高性能产品的移动互联网公司，科技感越是高大上，一个高反差、有颠覆性的反传统吉祥物形象就越有视觉冲突性。但最后原始人这个设计的形象感觉过于小众而放弃了。

第二个是小恐龙。这是一只幼龙，平常转兮兮、贱嗖嗖，但发起火来就特别有爆发力。当时我们画了很多可爱的小恐龙形象。但后来雷总提出了一个“严肃”的问题：恐龙已经灭绝了，怕是寓意不好。

小米吉祥物备选方案

第三个就是米兔了。米兔，它是白羊座，热情充满行动力，外表呆萌内里极客，喜欢和小伙伴探索所有新奇有趣的事情。它热爱青春和生活，呆呆的眼神背后是无数好玩的新想法。嗯，米兔的个性更大白话的介绍就是：不装、不端、有点儿二。

2013 年，小米周边产品的销售额超过了 10 亿元，其中米兔玩偶就售出 50 万个。2014 年 4 月 8 日的“米粉节”，我们更是在一天之内就售出了超过 17 万个米兔玩偶，2014 全年卖出了 200 万个。

小米吉祥物米兔

小米吉祥物米兔玩偶

基础素材是传播的生命线

基础素材是传播的生命线

每一次新品发布，把发布会演示文稿做好，把产品站做好就算是完成了一大半。

这与很多大企业是完全相反的逻辑，我们接触过一些4A（美国广告代理协会）广告公司，在定义新品发布时往往会把大部分的精力用在“大概念”和形式感上面。有些公司甚至认为不要做产品站，认为用户不会看，也看不懂，认为信息太多反而会影响“大理念”的到达。所以很多创意人员说起产品理念头头是道，但是连自己营销的产品的重要参数都一知半解。

在小米，我们认为我们的用户从来没有像今天这样聪明，因为一句精美的广告词就购买产品的时代已经一去不复返了。在我们小米社区就可以看到，用户购买前会仔细阅读产品的特性，搜索对比和评测，甚至连产品拆解都会阅读。每个用户都是专家，甚至比我们还了解竞品特点。

所以，在提炼核心卖点后，我们反而会在 PPT 和产品站上下足功夫。我对营销同事的要求是对产品和技术的了解要不亚于工程师，因为只有营销人员自己明白后，才能将技术语言翻译成“人话”讲给用户听，也能从这个过程中挖掘到真正对用户有价值的特点。设计师也只有在了解产品的细节特点时，才能将卖点更好地转化为设计语言。

在做小米电视 2 代产品站时，独立音响是新卖点。设计和策划的同事从解码技术到音响原理都花了很多时间学习。产品发布时我们做了一个非常详尽的产品站，几乎比国际上任何一个电视产品的网站都要丰满和具体。用户被精美的传播图片吸引访问产品网站时，会从各个角度找到吸引他的产品特点。当用户阅读我们的产品网站后，他就能成为这个品类的专家，这一刻他也会爱上这个产品。

很多产品经理说用户根本不看网页上的小字，有趣的是，有几次网站上线后都是用户打客服电话帮我们纠正产品站上技术名词的字母大小写、标点符号全角半角等这种最不容易发觉的错误。

每次帮雷总准备发布会演示文稿，讲到产品技术时他都会叫负责该技术的工程师在白板上画原理图。他说只有他自己弄明白了，才知道演示文稿怎么写，才能自信地讲给用户听。而发布会的PPT在设计表达上，我们要求每一页的设计都是海报级的。

小米营销是口碑传播，口碑的本源是产品。所以基于产品的卖点和如何表达卖点的基本素材是传播的生命线。

MIUI是个浩瀚的工程
NVIDIA Tegra 4
四核1.8G A15+省电 A15内核
72核 GeForce GPU
28nm制程
4+1
72
NVIDIA Tegra4
用GeForce GPU
渲染出最好的手机游戏
NVIDIA Tegra 4
2GB
LPDDR3
手指带水
可操控触摸屏
索尼相机
1300万像素堆栈式
急速拍照
每秒10连拍
（1300万像素）
36000+
Antutu 安兔兔
全球最快电视处理器
高通骁龙600 MPQ8064
无线投射
图片、视频或音乐
自动识别外接设备
¥2999
919.4 万台
小米手机2/2S/2A 累计销售
Immersion
无级震动
高通骁龙800
8974AB
四核 2.3GHz
28nm HPM制程
Krait
400
Adreno
330

手机用户
移动版
联通版
电信版
小米手机
120MB/s读取速度的闪存
30MB/s
95MB/s
3050mAh
三星 / LG / 索尼 锂离子聚合物电池
支持快速充电，适配2安充电器，充电时间缩短30%
夏普 / LG
5英寸1080P
1920X1080分辨率
441PPI 视网膜屏
IPS 全视角
OGS 单玻璃全贴合技术
康宁玻璃
NVIDIA Tegra 4
又有传言
高通骁龙800
外放音腔
#小米手机随手拍#
2:00 AM
用蓝牙耳机
半夜看球赛 不影响家人
小米盒子
迷你高清有线电视机顶盒
统一使用习惯
一个遥控器全搞定
2.4G/5G
NFC
刷公交、地铁、门卡等
GPS
瞬间搜星
Tegra 4
GPU:
72核 GeForce
比Tegra3 快5倍
蓝牙4.0

四两拨千斤的传播技巧

四两拨千斤的传播技巧

做品牌如何能少花钱，办大事？

在创办初期，小米品牌上的挑战是如何建立信任度。对于全新的品牌，产品的品质就是品牌。那时我们大概拆解了几点：讲明星创业团队，讲我们采用苹果一样的供应商，讲我们的产品性能（产品性能上“不服就跑个分”）等等。传播上分了两条线：正面是通过发布会，通过媒体面对面地聊天来讲我们的品质；侧翼呢？我们用了很多搞笑娱乐化的视频和段子。

盒子兄弟

盒子兄弟是我们两位员工组合，一对胖子兄弟，有点儿呆呆的，在米粉圈内有极高的知名度。

我们自嘲说，我们的手机确实不能砸核桃，但我们的包装盒质量好，站了人都踩不坏。小米手机1代的盒子可以让一个

爱，就疯狂 不爱，就坚强
失恋33天
love is not blind
JIM CARREY
YES
YES MAN
12.19.08
ARCTIC
TALE

盒子兄弟网络 PS 图

胖子站上面，第一批公测的媒体和用户拿到后都不相信，自己也站上去，甚至还拿其他品牌的盒子试了，结果只有小米手机的盒子可以。

盒子兄弟的成名作是双人叠罗汉站在小米手机 2 代包装盒上。我们希望通过这种方式告诉大家小米产品的品质和我们做事的态度。大家很难相信，我们会为了一个产品的包装盒花 10 块钱的成本（一般产品的包装盒成本就是 2~3 块钱），盒子的品质好，能承受两个胖子的体重。

后来，他们的这张合影成了米粉圈内的流行 PS 素材，花样百出，非常精彩。

盒子兄弟的逗乐巧妙地增加了品牌的信任感。互联网上反对高大全，所以我们用了一种娱乐的方式，用巧劲儿，最重要的是直观可感知。这比自己喊口号“不仅是世界 500 强”什么的有意思，也有效多了。

这可能跟我个人喜欢恶搞的想法有关。很多人都老是想用各种“高大上”的形容词去修饰或描述产品，而我一直想，为什么不能用另一种更有趣的方式来表达呢？

再说说盒子兄弟这张照片的幕后花絮，总共拍了将近半小时，近百张照片。这两个胖子兄弟一开始非常兴奋，因为本身都是做研发后台工作的，心想这下自己在网上该火了。前 15 分钟的状态都不错，眉飞色舞，但拍的照片摄影师都没通过，拍了半小时后盒子兄弟就面露苦色，尤其上面那个实在憋得不行，脸也红了，摄影师这才满意，因为觉得这样戏剧化的表情，传播效果才是最好的。

每个产品都要有自己的“木盒子”

我们把小米路由器定义成发烧友的新玩具，同时，它也将是未来智能家居的信息交互和流量吞吐枢纽。在公测过程中，我们人工对申请者进行筛选，希望把公测版的机器送到真正的发烧友手里。

我们选择了让用户自己来动手组装路由器。它符合我们公测招募的极客用户群的精神属性，也是最为直接让用户感知品质的方式。

因为很多用户在玩机器的时候，都要拆机。我们就干脆把它拆开了，让用户好像组装宜家的家具那样，自己来装。我们对自己的产品也很有信心，所以敢“裸奔”，直接让用户看到电路板。当用户此生第一次亲手组装一台路由器，把风扇用螺丝固定在主板上，把主板放入外壳，把硬盘插入卡槽，再完成整个路由器的组装过程以后，这种参与感是难以形容的。

为了提供高品质的体验，我们做了一个木箱。从外箱到内饰、到说明书，再到提供的螺丝刀，我们都选择了最好的材料。仅木箱本身的成本就超过了200元，而整体成本超过了1 000元，我们只向用户收取1元钱。这种玩法前所未有，连我们的组装工厂，富有经验的富士康刚接到需求时都惊呆了。

这种强烈的极客趣味和精致感震撼了很多用户，也引发了他们在微信、微博晒组装过程，和朋友比拼组装速度。他们分享的不是小米路由器，而是他们参与其中的那种成就感。

在经历三轮公测后，2014 年 4 月底，我们正式发布了这款路由器。一天内赢得 308 万预约购买的用户，第三天中午首批 10 万台开放购买，59 秒内售罄。

“每个产品都需要有属于自己的木盒子”，需要找到自己的“爆破点”。首先，能找到“爆破点”的产品才是好产品，才有可能获得成功；同时，“爆破点”是对差异化品质感和功能的梳理，是对产品特质和品质最有效的展示。

做品牌传播，要少花钱、办大事，就是说要善用巧劲儿，四两拨千斤，就是要有幽默感，勇于自嘲，甚至自黑。

小米路由器

给发烧友的新玩具

办一场剧场式的发布会

办一场剧场式的发布会

剧场式发布会是小米最显著的标志之一，也是每年小米品牌建设中最关键的环节。

怎样做好一场发布会，的确是一门大学问。在新的消费时代，我们需要更为纯粹的发布场景和感知体验。在这方面小米总结了一些自己的心得。

首先，有“点”才做发布会。新品发布，事件必须有热点，这是基本的决策思维。不能像有些老板那样拍脑袋想搞发布，却不关注热点，大势还在不在，没事找100多人来开发布会，没有足够的新闻点，没有足够的势能，最后只能出一部分“水稿”“枪稿”，这些自然热不起来。

其次，发布会最重要的元素是产品本身。只需要把产品本身的素材如演示文稿、视频等做好，保证讲清楚就好了。

如今，我们追求做有“沉浸感”的剧场式发布会。

（1）做沉浸感的发布会，现场布置越简洁越好。舞台不用花哨，最好就是一块黑幕布下一张 LED 屏（平板显示器）就够了。过度修饰的复杂场景反而会形成干扰。

（2）现场的座椅应该一致，毕竟大家都是来听产品介绍的，不是来摆谱的。有的发布会最前面半排还摆着沙发，这就会造成现场与产品的不一致感。

（3）发布会时长不要超过 90 分钟，因为这是听众疲劳感的阈值。

（4）场内要简洁干练，元素集中。场外则可以多一些丰富的互动设计，让来得早的用户可以玩。这与小米的发布会形式相关，我们不仅仅邀请媒体，更多的是邀请活跃用户参加。巧妙的场外活动设计能让他们可参与、可留恋、可分享，这也有助于发布会氛围的预热和兴奋度的保持。

（5）发布会的核心是产品，关键表现形式是演示文稿。这一核心要素需要在前期准备时千锤百炼地反复拷问：全场有多少个尖叫点？这些尖叫点都需要预先理出来合理安排，最好是保证每 5 分钟就会出现一个尖叫点，贯穿全场才能做到全程无尿点①。

在今天的读图时代，一场发布会下来往往就是传播了几张图。所以发布会我们最花时间的是演示文稿的准备，我们

① 尿点，指情节不值得憋尿以观，可以上洗手间的时间点。——编者注

追求的是海报级的演示文稿，要求每一张都清晰易读并有足够的张力。

发布会上新产品是唯一的明星，产品有料才能获得大声量的传播。有的发布会搞一堆不是产品的点，比如请某明星登场，搞一些高大上的模特、抽奖，这些都是错的。

所谓沉浸，就是产品够分量，内容够明晰，气场够集中，让与会者进入那种完全投入的“超临场感”中。

发布会现场

用互联网思维做电视广告

用互联网思维做电视广告

2014年，某个30年的白电品牌宣布不再做传统的媒体广告，而在春晚这个时间段，互联网企业则扎堆做广告。这背后发生了什么？

2014年开始，互联网企业大谈互联网思维，传统企业忙于互联网转型。前者往传统媒体做广告是为了加速扩张，保持看电视习惯的用户都会很快互联网化；后者几乎不投广告则是要轻装上阵，要追上互联网的速度。

《我们的时代》是我们在2014年春晚前的黄金时段投放的一分钟品牌广告。

迄今为止小米都很少做传统的市场投放，但2014年春晚期间我们花了6 000万元的巨资。在积累了数千万互联网活跃用户后，我们想借助更大众化的传播平台去触及更大范围的用户群体，而央视春晚前的黄金时段是首选。我们也一直信奉，凡事要么不做，如果要做就要把广告打透。不少品牌商都曾尝试大规模品牌营销投入，比如重金邀请明星代言，却没有做好充分“打透”的可持续规划。比如花500万元邀请一位明星代言，却只花了1 000万元做媒介投放，其实媒介投放资源应该是5倍甚至10倍于代言费用，要不然就是蜻蜓点水，一枪打出再无后招。

《我们的时代》在广告创意上做了一次大胆的尝试，只讲品牌性格与情怀，除了最后一秒的小米公司标志，全程没有出现任何小米的品牌和产品形象。我们单纯地就是想给米粉群体代言——他们就是当下的年轻人，为他们拍一支宣告年轻人崛起的“公益”广告。

有人说，这种做法很奇葩。我觉得没问题，因为，这支广告片就是拍给小米员工、米粉和合作伙伴看的。只要我们的用户买账，只要喜欢小米的人感动，这就足够了。这与我们与众不同的用户关系有关。通常情况下，诸多品牌要么把用户当“小白”洗脑驱使，要么假装把用户当上帝“百依百顺”，而我们是和用户做朋友。

这也是我们一直坚持不请明星、不找代言的原因，因为我们的产品就是明星，我们的用户就是明星，小米的态度就是明星。用户是喜欢我们的产品、团队、精神才选择小米，这才是我们要的。

在央视春晚广告播出前，我们在官网上提前一周做了网络首映，并且围绕它做了一系列的互联网活动，通过小米网、小米社区、新浪微博、微信、QQ空间、百度贴吧等所有社交媒体，全平台进行视频首发；小米论坛“看广告、点赞、砸金蛋、赢奖励”的活动；小米官网“我们的时代”海报微博分享活动；小米官方微博上开通了一个专门的话题“我们的时代”；MIUI添加了该主题音乐的手机铃声专题。

活动启动不到24小时，这部视频网络播放了近150万次。在大年三十春晚首播之前，这则广告的网络播放量已经超过了400万次。

遵循“参与感三三法则”设计互动方式的“简单和有趣”，我们在论坛设计了点赞活动，看了广告首映觉得好，就点赞，然后可以砸金蛋抽奖，共获得了超过4 900万个“赞”；微博上“我们的时代”话题讨论数近20万条，超过10万人下载了“我们的时代”配乐铃声，无数用户把自己的照片上传制作了专属的“我们的时代”海报……

内容即产品，广告片创意越有大众情怀基础就越适合参与式的传播，我们提前在新媒体全平台矩阵爆发“首映会战”，让用户提前充分参与到广告片内容互动中来；电视广告网络先发、先预热，等到电视播映时已具备了传播人群基础，再一次传播叠加，只要内容好、活动好，广告也是可以“口碑传播”的。

很多在网站提前看了两到三遍广告的用户，春节期间回到老家，吃着饺子时听到电视广告音乐响起，就对家里人说：“这是小米手机没有手机产品的广告，有点儿意思，去看看。”

从《100 个梦想的赞助商》的微电影到《我们的时代》的春晚广告片，小米保持了统一的情怀和质感，一直有着浓烈的青春梦想、创业情怀，充满正能量。这是我们希望向用户、合作伙伴和大众传递的情绪。无论这个时代的价值观看上去怎么颠覆、怎么多元，年轻人看上去有多叛逆，但人类对于美好情怀的向往其实一直没有变。日常的各类传播手法可以出奇，可以开得起玩笑、丢得起节操，但“以奇胜，以正合”，在品牌基调传播中，正能量仍然是重要的选择。

《我们的时代》

总结下如何用互联网思维做电视广告，我有 3 个建议：

（1）要全网互动，把电视广告本身当产品做二次传播；

（2）偶尔到电视上做广告，信息越简单越好，尽量做品牌而不是功能广告；

（3）电视资源段选择上，选最大的平台集中爆破。

做全国性品牌，要考虑新旧媒体的组合。中国的人口是金字塔形，北上广是塔尖，大城市人口占比是比较小的。通过互联网引爆核心城市后，开始做全国性市场，要快速渗透二三线城市，就算作为互联网企业，目前央视也还是极重要的选择。我们在央视投放策略是不做日常，但选择春晚作为最大爆破点。

抢首发，上头条

抢首发，上头条

没绯闻的科技圈如何上头条？

现在媒体的信息量太大，只是做小打小闹的传播很容易被淹没，需要找到能有头条价值的事情，占据头条，才能有人关注。

做产品，噱头成不了卖点；做市场，段子也成不了头条。

我们得分清噱头和卖点的区别，得善于发现哪些素材有潜力可挖掘成头条，而哪些只是段子。科技圈做产品上头条就得靠真枪实弹，其中“抢首发，做第一”最直接有效。

社会化营销第一单

2012 年新浪微博准备试水商业化就显然有着头条的潜质。与新浪微博的合作是小米以及整个中国社交网络的第一次尝试。同年 12 月，小米跟新浪微博举行了一次小米手机 2 线上专场销售，后来媒体称其为“社会化营销第一单”。我们投入了 5 万台小米手机 2，新浪也通过这一次尝试的契机，上线了“微博钱包”支付功能。

12 月 21 日中午 12 点，活动正式开始。5 万部小米手机在微博上 5 分 14 秒内被一抢而空，有 130 万预约用户参与抢购。从 17 日到 21 日，小米新浪微博账号访问量达到 1 471 万次，增加 80 万粉丝，2.3 亿次曝光，预约购买微博单条转发 300 万次，微博用户原创 233 万条相关微博，500 万条相关微博，上百家媒体报道，百度有 30 万篇相关新闻——各种数据表明，新浪微博与小米手机创造了一次轰动且成功的事件营销。

这次活动不是一种纯粹基于广告商业利益的合作，对于小米而言，口碑传播的意义远大于销售的意义。新浪微博也在商业化方面得到了积极的回馈。也正是这一次合作，给小米日后与各类社交平台的合作确立了信心，打下了基调，也让我们对社交媒体的价值有了全新的判断。同时，也树立起一种全新的双赢合作模式，小米手机作为“爆品”的能量能为合作平台注入大量流量，让合作方可以充分展示自身价值。

这样才有了日后我们跟 QQ 空间、微信的多次成功合作。尤其是 QQ 空间，它的巨大能量早先并没有得到人们充分的认知和挖掘。

“双十一”的四项第一

2013 年 11 月 11 日，小米参战了天猫的“双十一”大促，结果斩获单店销售额、单店最快破亿速度、手机影音品类销售额、手机品牌关注度四项第一。在单品销售额排行榜上，小米也包揽了全品类前 4 名。

“双十一”当时已经是第五个年头，不再是天猫一家的游戏，已成了全社会的电商购物节日。小米本质上也是一家电商企业，有完备的电商体系和物流体系，70% 的销售权重由小米网承担，我们自然也要参加到“双十一”这个全国最大规模的电商节日当中来。这是我们参战的前提。

如前面提到的社会化营销第一单，这回合作我的想法还是“上头条”。参战就如同到天猫上“跑个分”，“双十一”是最好的校场，和全国的商户强者比较会有客观的结果，公开坦诚、透明可见地展示小米真实的热度，消解外界的误解和怀疑，之前大家都质疑小米的网上销售热度都是自己用水军炒作什么的。

在上头条背后的对外合作方面，首先自己的产品要有足够的势能。有的品牌也学小米做跨品牌合作，但效果却出不来，这是产品品牌势能的问题。小米有明星产品，小米手机和红米手机都是精品“爆款”，得到了大量用户的喜爱和追捧，这是小米寻求合作伙伴的基础。

好产品自己会说话，产品给力，才能不断地积累起品牌势能，外部平台合作是功率放大器，在势能转化为市场动能时提供加速。如果势能本身不够，无论选什么样的平台，做怎样的营销，即便合作伙伴愿意支持，恐怕也难有让人满意的结果。

以红米手机为例，性能和产品体验远超当时市场上价格 1 500 元以下的产品，但我们定价 799 元，在千元机领域中迅速打开局面，在跟 QQ 空间的第一次合作中就赢得 1 000 多万粉丝。

“抢首发，做第一”在产品里则意味着要有创新制高点。小米手机三年发布的三代产品，都主打高性能，都做了 CPU 的中国乃至全球的首发，这样，营销“上头条”的势能就有了。

所以我们说，产品和营销的关系，是 1 和 0 的关系。你的包装，你的海报，你的营销，你的推广，都是跟在产品这个“1”后面的“0”。如果没有好产品，一切都会变得没有意义。而如果产品给力，哪怕营销做得差一点儿，也不会太难看。

互联网公关要练“不生气”功

互联网公关要练“不生气”功

相比过去，互联网公关危机的新要求是练“不生气”功。

互联网传播和舆情讲究的是大势，而不是眼中容不下半粒沙子。所以，千万不要试图去控制媒体，做传播时也不要想着把所有舆论出口都买断。眼下舆论去中心化，每个人都可能成为信息输出节点，想完全控制声音也早就不可能了。尤其是在社交平台上，吐槽、误解都是家常便饭，所以一定要练“不生气”功，心理太脆弱一定是玩不了的。

互联网是注意力经济，一个品牌和事件的关注度，一定要有碰撞、有矛盾、有张力才起得来。所以，传播途中有不同声音不但正常，还可能是好事，在其中因势利导、抓主流就可以了。一个传播事件中，如果有七成是正面声音就很好了，剩下三成负面的其实也无所谓。

在所谓的“负面”声音中，我们得过滤分拣，对吐槽、误解或有明确商业目的的抹黑等要区别对待。

（1）如果是有明确商业目的、有预谋、成规模的攻击，就必须第一时间警觉，敢于果断“亮剑”。雷总之前也说过，我们从不惹事，但绝不怕事。

（2）对产品或服务的吐槽，要快速回应，能解决的以最快速度、最大投入第一时间解决，不能马上解决的，就要果断道歉及善后。

（3）对于那些误解，只要不伤筋动骨，在策略层面大可闭眼不管，互联网传播太快，这些误解很快会被新的信息覆盖掉。

（4）对于有代表性的、成规模出现的误解，我们则要“亮出底裤”，进行系统性解决。

从 2011 年 8 月 16 日小米手机发布开始，业内对小米手机的质疑和期待一样多：小米到底有没有生产、销售那么多手机？小米手机的品质到底如何？

于是，我们就做了“开放日”活动，让业内人士到一线参观，亲自体验小米的生产和物流发货环节。我们说服了代工生产的工厂，请一些朋友去参观手机工厂和实验室。

我们已经举办了多次小米开放日活动，数百名业内人士、媒体记者、普通用户通过小米开放日活动不仅深入代工厂参观了小米手机的生产全过程，还在小米物流中心亲眼见到用户在小米官网购买小米产品的订单被我们电商系统推送到物流中心后拣货、打包的全部过程。

透明的开放日活动，让深入参与到整个生产、订单和物流环节的业内朋友们打消了对小米各种“不可思议”的误解。在开放日活动后，业界质疑小米的声音也越来越少。相比不停地发公关稿件或者打广告的方法，这种做法显然更有成效。

没有什么能比眼见为实的真相和坦诚相待的态度更有力、更能打动人了。

面对质疑和误解，关键是我们自己做得正，能在第一时间拿出证据。比如 2014 年“米粉节”，我们 12 小时内卖出了超过 130 万台手机，收到已支付销售额超过 15 亿元，还有人不相信，怀疑我们作假，我们在晚上第一时间就贴出了当天的支付宝收款截图。

有些品牌公关事件，偶尔也要讲究娱乐精神。娱乐不仅可以表达态度，还能扭转战局。

“10 亿赌局”发生在 2013 年 CCTV 中国经济年度人物颁奖晚会上。

雷总和董明珠作为互联网新经济和传统制造业经济的代表分别入选。雷总说，5 年内小米的营业额可能超过格力，可以赌一块钱，业内闻名的“铁娘子”董明珠足够彪悍，一下把价码提到了 10 亿。

按照我的预判，小米很有可能用不了 5 年就超过格力。公众在这个话题上对我们褒贬不一。我们该怎么办呢？一本正经地算账，或者是喊口号、表信心都显得有点儿无聊。

我们选择了足够娱乐化的方式，我们发了个微博，围绕这个赌局，邀请大家来围观下注，在设定时间内转发我们的活动微博，就是下注，而且不管输赢，我们都抽奖送奖品“小米 8 代手机”。之所以是 8 代，是考虑到这是最长 5 年后我们的新产品代号。这个微博有 63 万人参与转发，大家在“娱乐”的过程中，也了解了我们的自信和态度。

不必拘泥于所谓传统正规的形式，只要事实依据扎实，可以寻找更有力、直切要害的新方法。不装、不端、有点儿二，放松点儿，娱乐点儿，能消解不必要的紧张，在新媒体平台时代，这可能是更好、更有力的公关传播方式。

雷军董明珠#10亿赌局#，全民投注赢100台小米8。你的转发评论就是你的"下注"，5年内小米营收超格力将随时开盘，输赢我都送！微博官方平台抽奖送出，应该公平公正吧。
http://t.cn/8kir5Us

2013-12-13 12:01 来自微活动-雷军董明... | 举报 (2406) | 转发(634856) | 收藏 | 评论(167394)

“10 亿赌局”微博活动

新媒体篇

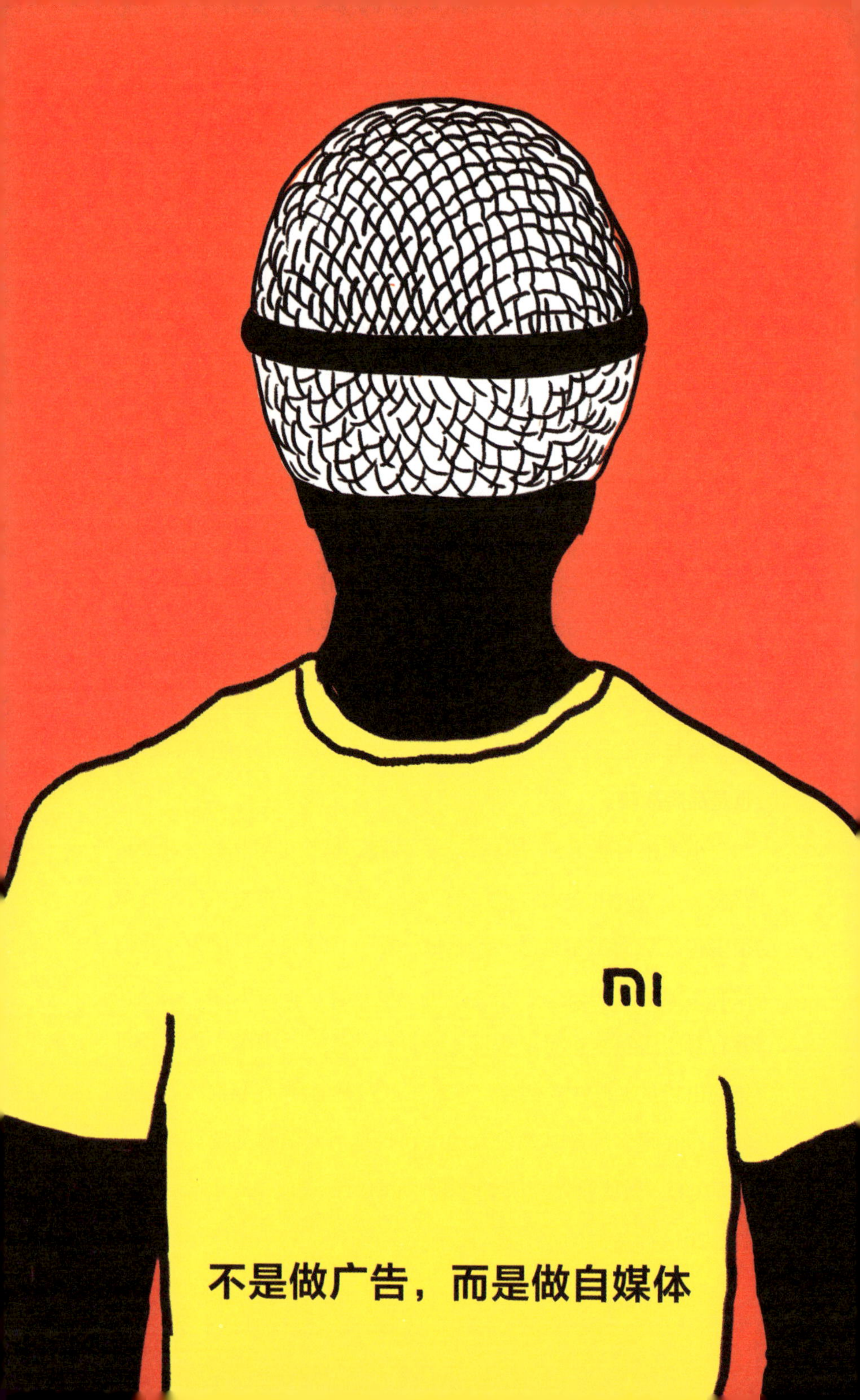
不是做广告，而是做自媒体

不是做广告，而是做自媒体

如何迈出新营销的第一步？

我的建议是：新营销的第一步，让自己的公司成为自媒体。在“参与感三三法则”里，做自媒体是公司要坚持的内容战略，也是品牌战略。

小米销售渠道只有两个，一个是小米网电商，第二个是运营商。小米网电商销售占比是 70%，运营商是 30%，这刚好跟很多传统厂商是相反的。他们很依赖于实体店，目前为止我们没有实体店。2013 年，小米手机全年销量是 1 870 万台，1 870 万台对于手机这个行业来讲还是很小的数字，中国手机市场每年的出货量大概在 4 亿台，小米还不到 5%。但让我们比较自豪的是，在很多用户基数较大的平台机型活跃的数据统计中，不管是 QQ、微博或优酷，我们都排在前面，遥遥领先于国内的品牌。2014 年 3 月的友盟移动数据报告显示，在中国 15 款最活跃的安卓（Android）系统的手机里面，只有两个品牌，一个是三星，一个是小米，其中三星占了 8 款，小米占了 7 款。

小米做的是互联网手机品牌，以互联网为主渠道销售，用互联网与用户保持交流。我们看重的不是卖出了多少台设备，而是用户的活跃度。对手机行业而言，小米给大家带来的启发是对手机商业模式的创新。我们坚信，互联网手机的盈利，不是靠硬件来赚钱，而是要像互联网产品一样，未来靠增值业务来驱动。

面对小米用户在互联网上高活跃的属性，我们需要全新的渠道来保持和他们的互动。为此，我们放弃了传统的广告、公关等营销手段，选择了新媒体。对于互联网社会化媒体这种新形态媒体，不能用传统媒介的思路来做。

传统思路是做好媒介渠道，现在是做好内容，以前是你找媒介，现在是媒介来找你。这其中，内容很关键。

企业做自媒体的内容运营，要先做服务，再做营销。

能享受服务是用户关注企业的动力，给用户做营销是企业自己的想法，我们应该从用户的角度思考社会化媒体运营。举个例子，你喜欢喝可乐，但你肯定从来没想过要去关注可乐的微博，因为喝可乐并不需要什么后续的客户服务，你也不会特意关注新品信息。

我们在微信公众号的运营中就发现，与产品和服务相关度越高的内容打开率就越高，新品发布相关的能有 60% 打开率，是一般活动的 5 倍。

企业做自媒体的内容品质最重要的是“讲人话”。

我曾在前面的“参与感三三法则”建议内容运营：有用、情感和互动。这里的有用是要求不讲废话，情感是讲人话，互动则是要引导用户分享扩散，引导大家一起玩。

我们在表达上需要的是自己真实的产品体验，内容不必追求多成体系，但要讲自己的痛点、挠自己的痒处。所以，每一个做媒体运营的员工都应该是产品玩家，**我们内部不仅要求让员工成为粉丝，甚至还尝试让粉丝成为员工。**小米新媒体运营团队，很多都是从粉丝中招聘过来的。

内容运营常见的反面例子是，传统企业做微博，整天会发一些高大上的宣言，而且一发就几十条的信息刷屏，用户怎么会对这个感兴趣？你的内容不好，微博粉丝再多营销效果也会很差！还要注意信息过载后，用户会立刻将你拉黑。

以前是媒介为王，现在是内容为王。传统营销是用广告去轰炸用户，洗脑式地让用户接受产品理念，小米选择了和用户零距离接触，我们就是用户的媒体。

因此，小米不做广告，做内容。

微博和传统媒体相比，“关注”是它最重要的创新，这背后代表用户关注操作的对象由内容变成了人。[“关注”这个动作是国外 Twitter（推特）首先推出的，这个应该是互联网最了不起的发明之一。]

狭义的自媒体就是今天的大 V（在微博平台获得个人认证，

拥有众多粉丝的微博用户）和微信的公众号，广义的自媒体，则是指每一个有影响力的用户。

每个人都成为自媒体，带来了传播形式和获取方式的改变，媒介的权利给重新分配了。门户时代，内容完全是编辑采编；博客时代，内容由用户参与采编，但依然由编辑来推荐；而现在的微博、微信的信息流通，编辑已无法对其控制。

企业要花精力让自己成为能持续提供优质内容的自媒体，同时，也应该发动用户来产生内容。

小米按照一个媒体的标准来要求自己的各个新媒体平台账号的内容运营，建立起了依托微博、微信、QQ空间、百度贴吧等全社会化媒体平台的自媒体矩阵，小米通过这些平台发布的，不是小米的广告，而是小米作为一个自媒体所运营的内容。在小米的论坛，我们做“学院”这样的栏目主要是想普及手机的各种玩法，帮助用户成为玩机专家；而类似“酷玩帮”“随手拍”的栏目，很多资深用户每天都原创出大量的内容，这些内容都会再度被微博、微信扩散出去。

在这个读图时代，小米非常重视精美的图片设计对于新媒体内容运营的积极作用。我们为微博、微信、论坛等运营团队都配备了专业的设计师，以保证运营的内容让更多用户喜欢和主动传播。

不做广告，做自媒体。小米不但因此节约了巨额的广告支出，同时也因此建立起了拥有数千万用户的自媒体矩阵，我们和用户之间的距离，史无前例地贴近了。

社会化媒体是主战场

社会化媒体是主战场

小米如何用社会化媒体做出一个全国性品牌？

有的公司做社会化媒体的时候，很喜欢找外包，由外包公司去帮你代运营，或者抱着试试的态度，从传统的营销部门中找一两个人去试一下。其实这样的方式，没有温度感，很难做透、做好。小米目前在社会化媒体平台上投入的人力有上百人，我们把这些新媒体当作最重要的营销平台。

找什么人来做社会化媒体，我们的做法也算是反传统的。传统企业都会找营销策划人员来做，但是对于小米来说，我们是做自媒体，要做内容运营。因此，小米对社会化媒体营销人的第一要求，不是做营销策划，而是做产品经理。

我们强调用产品经理的思维做营销。小米的营销工作通过新媒体平台直面用户，而新媒体和传统媒体营销最大的不同是，营销不再是单向的灌输，用户和企业之间的信息对称，交互随时随地都在发生。这个时候，作为新媒体的运营人员，如果你不懂产品，就很难把产品的特点和用户讲清楚。

我在面试做营销岗位的人的时候，重点关心的不是他有什么渠道资源、什么媒体资源。我一般都会问问他们都用过什么手机，经常用哪些 App，用这些 App 都有什么感受，哪些是他们觉得好的，哪些是他们想吐槽的。在小米，一个员工对产品的那种感觉，决定了他是否能够做好新媒体运营。小米做新媒体能成功，里面还有一个很重要的点，就是我们的每个产品，都是我们自身先玩，然后"感同身受"地知道用户在其中怎么玩，他们的注意力和兴趣路径是如何演进的。

小米做社会化营销有四个核心通道：论坛、微博、微信和 QQ 空间。

传播属性：微博和 QQ 空间都有很强的媒体属性，传播是一对多，很适合做事件的传播；微信基于通讯录的好友关系，传播是一对一，很适合做客服平台；我们最早做的论坛，更多是用它来沉淀老用户，论坛也是一对多，但论坛的即时性没有像微博那样快，同时在信息的编辑推荐方面有些类似门户，有版主的人工介入，更容易沉淀信息。

用户关系：用户关系越弱，信任传递就越弱，参与感的口碑事件扩散效果也就越弱。微信是强关系，其次是 QQ 空间和论坛，最后是微博。尤其对于很多微博大 V 来说，99% 的用户都是弱关系。

小米利用社会化媒体建立口碑的过程，是结合自身产品的特点来做的。我们的核心用户是发烧友、是极客。当初他们使用产品的时候，像使用 MIUI 给手机刷机这件事情，门槛非常高。如果单纯依靠微博来传播，太碎片化了，很难沉淀。所以我们搭建了论坛。当我们通过论坛沉淀下几十万的核心用户后，我们才开始通过微博、QQ 空间等方式扩散我们的产品口碑。

对于其他的企业来说，大家面对的情况不尽相同，因此在构建社会化传播渠道的时候，不必一窝蜂似的一起上，核心是看产品需要。比如黄太吉煎饼，他们的微博内容运营不错，但他们并不需要论坛让用户来深度讨论一个煎饼上的芝麻是 100 粒还是 101 粒更好吃。

截至 2014 年 6 月，我们的小米论坛有 2 000 万用户，空间有 3 000 万，微博和微信的用户都超过 600 万。我们的论坛流量非常大，每天访客超过 200 万，日均发帖量达到 30 万以上，10 倍于同类厂商。

今天如何看品牌的影响力？我们主要看百度搜索风云榜（index.baidu.com）和淘宝排行榜（top.taobao.com），前者是市场指数，后者是销售指数。

2014 年 6 月的百度搜索手机产品和品牌排行榜，小米都在前三。在这些数字背后，好产品的口碑最重要，而市场营销方面来自我们坚定地选择了社会化媒体作为营销的主战场。

微博是社会化媒体第一站

微博是社会化媒体第一站

如何用微博激发用户的参与感？运营的方法是通过内容和活动来创造话题。

我们在运营微博之初，总结有 3 个经验：

（1）把微博账号当成网站一样去运营；

（2）把微博话题当成网站的频道一样去运营；

（3）一定不要刷屏！

对于第一点就是投入重兵，为微博运营团队配备了完善的产品经理、主编和编辑、设计师以及软件工程师团队。第二点则是我们通过运营，不断摸索总结出来的一系列经验。我们为每个需要长期运营的微博话题都配备专人来运营，并且不断总结出了这些话题的不同特点。

比如我们有一个话题叫“小米手机随手拍”，号召大家用手机在生活中拍下精彩的瞬间分享到微博上。这个话题，大概每天中午前后发的效果最好。因为这时候大家都出门去吃午饭，光线又好，比较方便拍照。

话题“小米酷玩帮”是一个介绍各种新奇有趣的电子产品玩法的话题，在上午发布就会效果更棒一些。可能是因为很多人上午刚上班的时候，习惯先上网去看一些有趣的内容吧。而“米言米语”这个心灵鸡汤的话题，则是放到深夜再发了。

坚持“不刷屏”这一点，是很多企业做微博营销时不容易把持的。小米从一开始就给自己规定了红线，任何一个账号，除了发布会直播这样的大活动外，日常每天发布微博不能超过10条。

给大家看看我们几个微博运营的案例。

案例一：我是手机控

内容之外我们需要活动来强化参与感。2011年8月，我们在微博上做的第一个活动“我是手机控”，没有花一分钱推广，这个活动在很短的时间内就有100万用户参与，大家都争相来炫耀至今玩过哪些手机，整理自己的玩机经历。

炫耀与存在感，这是后工业时代和数字时代交融期，在互联网上最显性的群体意识特征。大家会看到在网上做得很好的互动活动大体都同理。比如百度魔图这个手机图片软件，曾经做过一个活动，让用户把自己的脸和明星的脸放在一起，告诉用户自拍照跟哪个明星最像，参与感非常强，满足了用户的炫

雷军 http://weibo.com/1749127163
称号：神马级手机控 机龄：16年 换机频率：每年4部，共53部
败手机支出：总共191843元/平均每部手机3620元
对MIUI的看法：每周升级，每周都有新惊喜
我是第22710个参加的，已有209115人看过我
我也参加
和Ta比一比
目前已有1202577人参加
@雷军 的手机编年史(1995-2011)
小米手机鉴定
神马级手机控
MIUI.COM
1995.
1998.
1999.
2000.
2002.
2004.
2005.
2006.
2007.
2008.
2009.
2010.
2011.

“我是手机控”的活动页面

耀需求和存在感，做得很成功。还有一个不得不提的现象级游戏就是微信的打飞机，它得益于用户的炫耀心和好胜心，很多用户为了朋友圈的好友竞争排名，把手指都玩麻了，一有好成绩立刻刷屏炫耀。

“我是手机控”这个活动的背景是，2011 年 7 月我们刚刚宣布要做手机，虽然小米已有 50 万的 MIUI 用户，但是整个市场对小米还几乎是一无所知的。如何让更多的用户在还没有见到小米手机，就先对小米的品牌有认知呢？

后来我们想到了让用户都来晒一下自己用过什么手机的活动。我们自己作为手机发烧友，最喜欢干什么？不就是向朋友炫耀我们曾经玩过的手机吗？既然小米要“为发烧而生”，为什么我们不做一个能让发烧友来炫耀的活动呢？

在那个时候，微博上的传播主要还是纯文字、图片的展现，如果按照传统的玩法，可能就是号召大家自行选择文字或照片的形式来上传展示。但这样有着不低的门槛，用户需要花时间来琢磨文案，花时间来拍摄照片，很多人很难找齐曾用过的手机照片，甚至有的人都已经忘记了具体手机型号等。

用户的参与热情最珍贵，应该给他们提供足够便利的工具。所以，我们选择了做出一个产品，即“我是手机控”的页面生成工具，用户只需要在其中的机型列表进行选择，即可自动生成一张图片和微博文案，用户再点一下按钮就把他使用手机的历史，分享到微博上去了。

这样的工具不仅方便了用户，减少了因流程麻烦而流失的用户热情，保证传播效率的高转化，而且还让生成的分享页面的视觉效果更整齐、更美，转发的传播势能更强大了。

为了增加炫耀感，我们还帮用户自动计算出他所有的手机花费，并且分享文案突出他的第一部手机炫耀“机龄”。用户可以选择为每一部手机写一段小经历，我们本以为绝大多数用户会跳过这个选项，后来我们发现很多用户都为每一部手机写了很详细精彩的故事。

这次尝试至关重要，它踏出了从纯内容传播向产品化传播转变的关键一步，同时也确立了我们以新媒体传播为主战场的决心，而这两点日后都成了“小米式传播”的核心特征。

这个活动当天晚上一上线，一下子转发就突破了10万次，这大大出乎我们的预计。要知道当时小米的影响力还微乎其微，并且这个活动不是简单地点击一下转发就参与了的，还是需要用户在我们的活动页面一个个地去勾选他们曾经用过的手机。每个用户不操作个几分钟是不可能做完这个活动的。

当时，产品上线之后已经很晚了，负责研发这个活动的小伙伴们已忙活了几天，准备要回家好好休息下，但是一看到活动这么火爆，大家兴奋得立刻决定，通宵继续改！然后直接就又改了一版交互，让活动更顺畅。

后来我们又持续改进，把这个活动做成小米论坛的一项任务，每个新用户在注册小米论坛的时候都会被引导去选一下都用过哪些手机。然后我们做了一个功能，生成一张图片成为用户在小米社区的签名档图片，并引导用户把这张记录了他使用手机历史的图片分享到新浪微博。结果，虽然“我是手机控”这个活动我们官方只集中做了几天时间，后来我们也没有再维护这个活动页面，但是直到今天，还会有用户时不时地进入到这个活动页面，认真地填写他们的玩机历史，然后将这个历史分享到微博上。

“我是手机控”这个成功的微博活动案例背后，是一种以产品推动传播的思路。没有大号转发，没有花里胡哨的文案，也没有奖品刺激，纯粹是我们做了一个大家都会喜欢的互联网产品。这个产品很有趣、很吸引人，激发了人们心中的那种或者是怀旧、或者是炫耀的冲动。

迄今为止，“我是手机控”这个话题在新浪微博上已经有超过 1 700 万的讨论。到 2014 年 3 月，每周还有数百个用户来参与和转发到微博上。而这个活动，小米没有花一分钱的广告投入。

案例二：150 克青春

能不能在网上做一次产品发布会？

2012 年 5 月，我们准备发布小米手机青春版，想做一个大胆的尝试：不做线下的发布会，而是在微博上做个线上的首发。

在产品发布前大概一个半月，我们在微博预热了一系列以

“150 克青春”为话题的插画，这些插画描绘的是大家读大学时候的一些经典场景，并没有说我们要发布产品什么的，预热一直持续发酵到了产品的微博首发。

小米手机青春版包装

我们 7 个合伙人利用一个下午的时间，在公司附近的中央美院的学生宿舍里拍了一个短片，叫作《150 克青春》。这个片子可以看到每个合伙人都很搞怪：雷总负责打游戏，我负责摄影，KK 要去约凤姐，洪锋调侃臭袜子，林斌在看《金瓶梅传奇》，刘德在弹吉他，周博士在玩飞机。短片一出来，就有用户说要林斌的《金瓶梅传奇》，还有用户说要 KK 穿的 T 恤。这个《金瓶梅传奇》实际上是我们做的一个笔记本，里面是无字天书。在用户的呼声中，我们立刻加印了 5 000 本笔记本，做了

10 000 件 T 恤，一个上午就卖光了。这两件商品至今都是我们的畅销品。

2012 年小米联合创始人出演微电影

青春版这个产品的核心用户是学生人群，产品的包装很具有文艺情怀，有点儿像一本书，书名就叫《小米青春》。在策划微博传播的时候，我们想到这样一句话：人类的灵魂是 21 克，我们的青春版手机刚好是 150 克。

后来我们又默默地向青春致敬了一把，制作了一张线上首发的海报。“那些年”海报发布的时候我们发了两条微博，一条转发次数过了 200 万，评论过了 100 万，另外一条微博转发也过了 100 万次。这个互动纪录直到 2012 年年底才被我们自己的另一个微博活动打破。这个在微博开的产品发布会，让我们的 15 万台手机一发布就卖掉了，活动效果超出了我们所有人的想象。

这次活动成功在哪儿呢？第一是超预期完成了销售目标；第二是创造了当时整个新浪微博上活动参与和转发数的最高纪录。大家以为小米的微博转发多就是因为搞抽奖，但是后来很多企业拿出比小米贵得多的产品做抽奖，转发效果却差一个数量级。在我看来，核心原因就是他们不懂得营造用户的参与感，把互动这个手段当成了目的，最后事倍功半。仅仅是物质刺激只能短暂刺激转发以及得到“抽奖专业僵尸粉”的围拥。

小米手机青春版微博首发海报

青
春
#我们的150克青春#是什么？
小米手机青春版 www.xiaomi.com

青
春
#我们的150克青春#是什么？
小米手机青春版 www.xiaomi.com

PASSPORT
青
春
#我们的150克青春#是什么？
小米手机青春版 www.xiaomi.com

青
春
#我们的150克青春#是什么？
小米手机青春版 www.xiaomi.com

但是我认为更重要的是，这个活动融入了小米的情怀。

从那以后，“青春”成了小米的关键词。虽然现在我们不叫青春版了，但是青春、热血、梦想都成了小米产品文化的关键词，包括后面我们做的微电影《100个梦想的赞助商》、广告片《我们的时代》。至今，那些被我们修改过无数次的词句，仍然在我脑海中，记忆犹新：小米手机青春版热血而来，绝版青春疯狂到底！

案例三：“来自星星的你”的借势传播

如何在微博上巧妙借势？借势是新媒体人的必修课。

2014年初，一部来自韩国的电视剧《来自星星的你》在亚洲热播了两个多月。剧中女主角有句台词说“初雪应该喝啤酒、吃炸鸡”，结果炸鸡加啤酒的“套餐”成了这部电视剧粉丝们心中的流行词语。

2月27日，是这部电视剧迎来大结局的日子。这天中午，小米微博发了一张照片，照片内容是贴在小米食堂里的一纸通知：“鉴于《来自星星的你》今晚凌晨播放大结局，如果千颂依没有和都敏俊在一起，周五午餐食堂将提供免费啤酒和炸鸡，以示安慰。届时，请各部门安排好就餐时间，有序领取。”

这样一则看起来既贴近当下热点又充满了企业人文情怀的微博，很快转发达到了数千条。

第二天中午，小米官方微博发布了一条消息：“不管今天是否下雪，不管‘叫兽’‘二千’结局如何，欢迎来自星星的你，免费吃炸鸡、喝啤酒，共庆小米 2S 直降 400 元！ PS（附言）：老板说了，喝醉的同学下午就不用上班了哦！见者有份，想来的请举手！”同时，小米官网上线了“炸鸡啤酒”系列的手机保护壳、后盖。结果可想而知，这些应景的配件再次被《来自星星的你》的粉丝们一抢而空。

微博要学会借势营销。前面的手机控和 150 克青春是造势，炸鸡啤酒这个故事则是我们借势营销。这样的借势营销，在微博上有很多其他公司优秀的案例，比如杜蕾斯微博经典的一句“薄，迟早是要出事的”，就是堪称教科书级的微博案例。

通知
鉴于《来自星星的你》今晚凌晨播放大结局，如果千颂依没有和都敏俊在一起，周五午餐食堂将提供免费啤酒和炸鸡，以示安慰。届时，请各部门安排好就餐时间，有序领取。
小米公司餐饮部
2014. 2. 27

小米食堂的通知

年轻人的QQ空间

年轻人的 QQ 空间

这是一个被忽略的传播阵地，却是年轻人的第一传播阵地。

QQ 空间（QZone）的用户群体，大多数年龄在 25 岁以下。根据数据分析，QQ 空间的用户很喜欢上传照片，其中用手机拍的照片比例接近 70%，而小米手机在整个空间用户上传照片的安卓机型中排名第一。

QQ 空间的运营有两个经验：

（1）QQ 空间的产品形态和微博有些类似，有转发传播的属性，很适合用来做事件营销。但是他们用户的属性不太一样。空间的用户比起微博用户来更年轻。微博用户大多觉得自己是意见领袖，喜欢发表观点。而空间的用户更喜欢点“赞”，单纯地表达他们对某一件事情“知道了”或“还不错”的感觉。

（2）QQ 空间用户相比起新浪微博的用户来，内容里外部链接的点击率更高，这样大量的点击链接进入到小米官网，为我们带来了很不错的流量。对于一个做电子商务的企业来讲，这点其实是非常重要的。

红米线上首发

红米手机的定位是年轻人，有着让用户尖叫的定价和同价位中顶级的硬件配置。为了精准直达红米的目标用户群体，我们决定尝试在 QQ 空间首发红米手机。

2013 年 7 月 29 日下午，突然一张“小米千元神秘产品 QQ 空间独家首发”的图片被发布到了网上，引起了整个业界的强烈关注和无限猜想，当时甚至有媒体猜测是否腾讯要入股小米。

其时 QQ 空间在国内运营已久，用户量巨大，在中国互联网应用博客类产品里面的市场占有率遥遥领先，覆盖人群达到 1.3 亿。不过面对这么大的用户群体，QQ 空间自己当时对于如何探索新业务，发掘围绕 SNS（社交网络服务，包括了社交软件和社交网站）的新商业模式，也缺乏一个好的引爆点，QQ 空间并没有得到业内应有的重视。

在这之前，小米的社会化媒体平台一直只在自己的论坛和新浪微博上展开，还没有在其他平台上展开营销活动的先例。我们觉得，对于红米手机的目标用户来说，QQ 空间上聚集的对价格和性能同样敏感的年轻人群体正好切合了我们的需求。小米在这个时候介入，双方一拍即合。

在 2013 年 7 月份，像红米手机这样采用 MTK（联发科）

四核 CPU（中央处理器），4.7 英寸视网膜屏幕同级别配置的手机，大多售价在 1 500 元左右。当时大家普遍猜测红米的价格在 999 元 ~1 299 元之间。红米手机最终以主流手机中优秀的硬件配置，能够流畅运行的 MIUI 系统，以及定价 799 元的价格，通过 QQ 空间彻底引爆了市场，成了“现象级”产品。

小米和 QQ 空间合作，先在 QQ 空间上展开了声势浩大的红米手机预约活动。仅仅 30 分钟内就有超过 100 万用户参与我们的价格竞猜活动。红米开放预约后，三天内就有超过 500 万的用户参与预约。到 2013 年 8 月 12 日红米手机第一次发售日之前，有超过 745 万的 QQ 空间用户预约购买红米手机。

发售日当天，虽然所有活动都在网络上进行，没有线下店面那种人山人海的排队，但是互联网展现了更强大的力量：开放购买开始第一秒，就有 14.8 万用户点击购买，10 万台红米手机在 1 分 30 秒内全部售罄。

在红米手机发售前，小米手机在 QQ 空间的粉丝数为 100 万。到了 8 月 12 日，红米手机发售结束之后，小米手机在 QQ 空间的粉丝数达到了 1 000 万。

2014 年 3 月，我们和 QQ 空间再度合作，联合发布红米 Note 手机，预约用户超过 1 500 万人，而小米的 QQ 空间粉丝数也突破了 3 000 万。

微信的新玩法

微信的新玩法

微信的玩法不一样。

如果把微信当营销平台，这就等于走到死胡同了。基于既有的通讯录好友关系，微信更适合做服务平台。

2012 年 6 月，微信公众号刚刚兴起，我跟新媒体的同事一起讨论要不要做微信，当时内部很犹豫。我让小米网的主管们先暂停用米聊，尝试用微信 3 个月，从 9 月一直持续到 12 月，弄明白如何展开微信作为新媒体的运营工作。

到 2013 年 2 月，我们决定做微信运营，这时候才真正开始组建团队。不到一年的时间，小米手机微信公众账号的粉丝量超过 500 万，是较大的企业公众号之一。

小米微信服务号下面设置了三个导航标签：最新活动、自助服务和产品。点击任一标签会自动弹出回复，其中，通过自助服务你可以查订单、查小米之家的位置等。而点击产品标签，关于小米产品的疑问你都可以在微信上得到解答。

当小米微信的粉丝增长到80万的时候，因为后台消息量太大，导致我们人工无法一一回复。所以当时通过微信公众账号的API（操作系统留给应用程序的一个调用接口），我们开发了一个专门的客服后台。上面有很多客服账号，能够保证多客服同时在线，用户反馈的问题随机分配给客服来解决，谁成功解决问题会显示，解决结果怎么样，解决到哪一步，这些信息都可以实现共享。我们还有人工关键词的设置，比如你输入"小米3"，后台通过自动回复给你解决。我们尽量做到客服自助信息智能化回复，2013年全年微信的消息量超过5 000万，人工处理占10%。

我们的后台还有个自动抽奖功能，平时我们在微信上做一些活动，这些抽奖活动通过后台程序随机抽取，可以保证活动的公正，所有抽奖过程都会拍成视频上传到小米社区给用户看，这增加了用户持续参与微信有奖运营活动的信心。

对于微信，大家可能关心的是如何增加粉丝。小米微信公众号的粉丝增长有60%是通过官网引流，30%是通过微信自有活动推广，还有10%来自对外合作。因此，我们微信的粉丝活跃度极高。

2013年5月，当我们的粉丝达到60万的时候，我们尝试了在微信上发F码（Friend Code）。仅一天的时间，F码发放数量就达到了45万，粉丝数量增长了25万。领取F码后,1小时内，我们的销售额就达到了5 500万。

2013年7月，红米在QQ空间的发布非常成功，我们想到在微信上也做一款新品发布。2013年底当时正好赶上一个新契机，微信上线支付功能，需提升微信支付的绑卡量。于是我们和腾讯合作在微信上做了一个小米3销售专场。这次效果是15万台小米手机9分55秒售完，粉丝增长了180万，总粉丝达440万。

我们的经验是，策划大活动能够集中带来微信公众号的粉丝，但是形式重复的活动就会使粉丝增长的效率迅速下降。因此，在微信公众号的运营中，仅靠抽奖激励是不够的，需要运营人员持续不断的创新，设计好玩的活动形式，再配合适当的资源投入，这样才能够快速增加粉丝。

我经常在内部说：平台变了，玩法也要变。

做社交媒体的运营，要尽可能贴合社交媒体自身的属性。比如微博就要用有趣的内容和适当的奖励去鼓励用户转发；QQ空间就要用好内容吸引用户去点赞；知乎的问答平台，则是需要技术范的干货帖；而微信的使用是和手机密不可分的，比如微信有重要的功能——语音。

我们决定针对微信的语音功能做点儿有趣的尝试。2013年12月圣诞节前后，我们设计了微信“吼一吼”的创意活动。不再是有奖转发，也不是抢楼、拼人品，而是“吼一吼”。用户只需要对着小米手机的微信公众账号，发来一句语音消息“我爱小米手机！”就能参与。我们的后台系统收到用户的语音后判断他是否说的就是这一句。如果是的话，还会就他们说的这一句的音量进行判断，根据用户喊出这一句的分贝数进行排名。分贝数高的用户有机会中奖，还能够获得以极优惠的价格购买米兔玩偶的权利。

活动上线后，这种用户和企业互动的游戏显得非常新鲜。很快，超过 30 万用户通过微信向我们吼出了“我爱小米手机”。当然很多用户吼了不止一遍。甚至还有用户为了争夺分贝排行榜上的名次而声嘶力竭地狂吼，引来了邻居的投诉。

在活动的最后，我们提供的 1 万个米兔玩偶，被用户在数分钟内抢购一空。

小米论坛是老用户的家

小米论坛是老用户的家

如何用传统的论坛（BBS）来沉淀粉丝?

我们常说“刷微博”和“泡论坛”，它们不一样，比如在微博上，今天你有吸引眼球的话题，大家就来关注你、讨论你，甚至就是刷个存在感。明天你没有话题了，大家又去围观别人。但是一个论坛的用户习惯来到你这里“泡”，就真的像泡吧一样，他会没事也来这里看看，和别人聊聊天，向你提提意见，论坛能够把用户沉淀下来。

进一步看看两者差异：

内容形式：微博内容碎片化；论坛内容可以专题结集，比较适合深度内容传播，比如介绍手机刷机方法、拍照技巧等教程。

用户结构：微博基本是平行结构，只有认证与否；论坛用户关系则是金字塔结构，类似组织协会，有很强的数字成就驱动，可以凸显其专业性。

更直白的比喻：微博是广场，而论坛是俱乐部。小米做论坛的方向是用户俱乐部，更是老用户的家。

产品其实在卖出去以后就成了内容，围绕着产品产生的图片、视频和文字就是内容。以往的传统厂商仅仅自己做内容，自己雇人或者通过媒体不停地围绕产品写内容。而有了论坛，用户就可以围绕着产品写出大量的内容，比如我们论坛里的“小米酷玩帮”公测平台，在“产品购物”下面有数百条精品评测，这还仅仅是精品评测。

论坛是互联网上最古老的服务形式之一，中国最早的门户网站新浪网，也是脱胎于论坛。小米的论坛起步很粗糙，从2010年8月16日开始，后台只有一个工程师，利用开源论坛的代码简单配置一下就上线了。论坛的注册用户第一个月只有100多人。那个时候小米公司只有几十个员工，绝大多数都是工程师和设计师，根本没有人会运营论坛，我们找了一个工程师，让他在本职工作之余，来尝试运营这个论坛。

在今天，开源的论坛程序在功能和玩法上其实已经非常完善了，甚至可以说是过剩：用户等级、用户积分、虚拟货币、勋章、论坛任务、投票、抽奖……单纯地从功能上来说，小米论坛4年多来的发展，做的大多数事情也没有超出这些范畴。但是短短近4年时间里，小米论坛已经拥有注册用户2 000万，总发帖量超过2亿条。从域名到版面，从频道到内容，和我们的MIUI每周更新一样，小米论坛也在不断地创新和试错之中，不断改进。

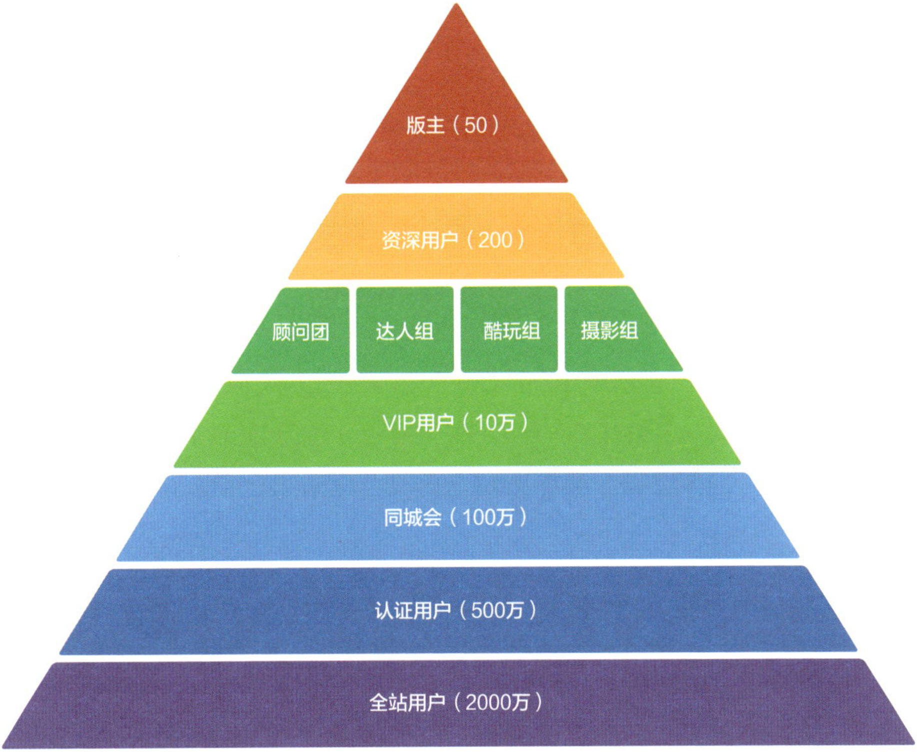
版主（50）
资深用户（200）
顾问团
达人组
酷玩组
摄影组
VIP用户（10万）
同城会（100万）
认证用户（500万）
全站用户（2000万）

小米论坛的用户构成

超过 2 000 万用户的论坛，如何构建用户关系是最关键的，应该是金字塔形，主要是让用户去帮助和管理用户，官方团队反而要在背后辅助论坛的核心用户团队。

我再说几个我们运营论坛的案例。

案例一：F 码就是给老用户的特权

F 码是小米在会员特权上的一个微创新，它的诞生并不是源自营销，而是为了让老用户能够在第一时间体验到我们的产品。

2011 年小米手机发布之后的火爆是远远超出我们自身预期的，这种火爆也成了小米“和米粉交朋友”信条的一个困扰。很多从 MIUI 开始就深深参与到其中的老用户，居然也很难买到一台小米手机。为了解决这个问题，我们设计了“F 码”，也就是朋友邀请码。我们专门开发了后台系统，用户可以在这个系统领用 F 码，然后到小米网的电商平台优先购买我们的产品。

后来，也有一些企业学习小米，搞出这个码、那个码，看起来和小米的 F 码差不多，但是似乎效果差很远。那其实是因为他们只看到了小米 F 码的表面，而没有了解到 F 码诞生的真正初衷。没有“朋友”关系的 F 码，怎么会形成好朋友之间才有的那种亲密关系呢？

在小米的成长过程中，用户给予了我们最重要的支持。小米手机新上市的时候总是一机难求，我们用 F 码帮助这些用户在第一时间体验到最新的产品，这是 F 码设计的本源。**要让用**

户的参与感落到实处，就一定要给用户特权！

案例二：智勇大冲关，激发用户好胜心

论坛的运营过程中，数字成就比物质刺激更重要。

2013 年 9 月 5 日，小米手机 3 发布了。如何才能让用户更全面地了解新产品的优异性能？

"智勇大冲关"就是我们在小米论坛上为了让用户主动了解小米手机 3 的特点而设计的活动。

小米论坛智勇大冲关活动

这个活动的原理并不复杂，是一个答题活动，每次随机从我们准备的题库中给用户出 10 道选择题，用户很快就能够答完题目，然后会获得一个分数。这些问题都是和小米手机 3 相关的，比如摄像头是什么样的，尺寸是多大，蓝牙 4.0 的传输距离是多少等。

问答活动很多人都会做，小米如何让参与活动的用户足够多？如何让用户玩在线活动的时候不仅仅是来抽奖，而是能有更深层的参与感？

把用户盘活，将内容传播出去，分享到微博、QQ 空间等方式必然要有，我们还将“智勇大冲关”活动设计成小米社区用户的社区任务。用户一登录社区，系统就会提示他今天有个新任务还没做。这个效果不占用广告位，但是比用广告图片的方式推送活动更为有效。

传统上设计一个在线活动，都会强调活动要尽量简单，让用户能够轻松参与。如果是这种答题类的活动，一般正确的答案都是显而易见的，能让用户轻松答对。这样做确实没错。但是，我们能不能反其道而行之呢？

在“智勇大冲关”活动中，我们的问题设定得不是那么显而易见了，如果用户对于小米手机 3 不是很了解的话，其实是很难通过猜来得到正确答案的。结果，活动一经推出，很多米粉做了好几遍题目，发现居然只能得 60 分、50 分，甚至 40 分。对于我们的资深社区用户来说，这种挫败感反而进一步激发了他们继续再做一遍的动力。就好像玩一个游戏一样，如果失败了，用户总要再尝试一次。我们准备了数百道题目的题库，结果用户每次进入答题环节，他们面对的问题都不一样。总是答不对，他就要去认真地看我们的新手入门栏目。

结果，难度偏高的答题活动，不但没有影响活动的参与效果，反而促进了用户更积极地参与这个活动。到活动基本结束的时候，这个活动有2 100多万人次参与，有超过200万的用户。平均下来，每个用户会答题10次以上。

案例三：参与感式的发布会直播

在小米之前，国内大多数产品发布会只是给媒体看的。对于我们来说，产品发布会不仅是为媒体，更是为我们的用户——米粉朋友开的。从2011年8月16日小米第一场600人规模的发布会，到后来超过2 000人规模的发布会，超过一半的参会者都是小米的用户。

然而，即便是2 000人的发布会，对于想要第一时间了解小米产品的用户来讲，人数还是太少。通过我们的官方平台，向所有的用户直播发布会也就成了必然选择。

和媒体直播过程中关心新闻点在哪里不同的是，小米用户对发布会关注的是这个新产品有什么卖点，他关注的地方我们到底做成了什么样，哪天能买，别的用户怎么评价这个产品，有没有针对他的优惠活动，他认识的朋友有谁到了现场。

所以，我们论坛的发布会直播，极度重视活动方方面面的细节展示。我们刚开始写文字，后来拍照片，最后还做视频。除了当天14点到16点的发布会本身，我们的论坛提前一个星期就开始介绍相关内容，直播发布会的筹备进展、花絮，介绍其他知名米粉用户的行程，他们来到北京之后的一举一动。我们的网站甚至像旅游网站一样制作得图文并茂，还有关于外地用户来北京吃喝玩乐攻略的视频讲解。你从机场来，应该怎么走？你从火车站来，应该从哪个口出？乘坐什么样的交通工具？等车的地方是什么样子的？从地铁口出来该向左拐还是右拐？等等。

我们在2011年、2012年的发布会时做的都是传统的网络图文直播。2013年9月，在距离发布会还有七八天的时候，我们继续问自己：如何能够做点儿不一样的事情，让用户有更深度的参与感？

我们又再一次把自己逼疯，那天晚上，我和小米论坛的同事在会议室里头脑风暴到凌晨3点。论坛的基本形式就是帖子，对于一个帖子，你能怎么创新？最后，我们想到，要让用户不仅仅是来看，还要来玩。不仅仅是自己来玩，还要能和其他论坛用户一起玩。尽管只剩下一周的时间，但我们还是调集开发人员，新开发了两个互动功能：砸金蛋，送礼物。用户来小米社区看发布会直播的同时，还可以玩游戏，玩游戏的同时，还可以给朋友送虚拟的礼物。

整个发布会下来，我们在小米论坛发布了上百个相关内容的帖子，然后用一个发布会直播总帖的形式，将这上百个帖子进行了汇总。小米论坛的在线发布会直播，持续一个星期，有数百万人前来参加访问。2013年9月5日的小米年度发布会，小米论坛的直播帖总共有超过130万的用户同时在线参与了直播活动，用户回复总数超过100万帖。

这就是参与感的能量！

服务篇

人比制度重要

人比制度重要

如何用互联网思维做客服？

传统做客户服务都强调制度、KPI，但是对于小米的客户服务，我认为，人比制度重要。

我们的客服主管刚进小米，我会和他们聊很长时间，充分交换对于这份工作的看法。他们以前在大公司里都做得很好，掌握很多制度流程、方法论。在传统客服的经验里面，会有很多 KPI 数据指标，比如说接起率、接通率，以及 30 秒要接起接通百分之多少，包括每个人的工单数是多少。我说：你们要忘掉以前的这些事情，那些经验对你们来讲是一个职业背书，但是今天小米需要的服务理念不一样。

在小米这里，客服也要忘掉 KPI。我们把 KPI 指标只做辅助的参考，真正重要的是“和用户做朋友”，让大家发自内心地去服务好用户比一切都重要。

我们的客服部门主管，她做了十几年的客户服务工作，经验非常丰富。2012 年，小米的业务飞速发展，用户数量迅速爆发，客服工作也随之迅速“压力山大”。这位主管的到来，为我们的客服团队带来了非常宝贵的经验。不过很有意思的是，她第一次来向我汇报工作计划时，一进我的办公室就把我吓到了：她抱进来厚厚的一沓纸。原来那是她非常认真地总结了过去小米所有的客服数据、工作报表，然后根据这些数据和她对我们小米的业务增长预期，做出了多达好几十页的客服未来改进计划。

我花了一个下午好不容易看完，对她说：“做客户服务这件事情，你是专业的，我是业余的。你搞的这么多图表和计划，说实话我看得不大懂。你专业，你自己懂就好了。咱们能不能不要这么多 KPI 数据？我只给你一个指标：怎么让你的小伙伴发自内心地热爱客户服务这份工作？”

如何让客户服务部门的员工都能够解放思想，主动地做好服务？我们曾动员大家学习海底捞。我们都知道海底捞的服务生在面对客户的时候，都会露出发自内心的微笑。他们在擦桌子的时候都会奔跑着。海底捞的管理理念就是，你首先要体现对自己员工的尊重和信任，员工才会在服务用户的时候真心地把服务当成他自己的工作。

说个小故事。

有一个北京的老人，70 多岁了，他的孙子很喜欢小米手机，他就想买一台小米手机当作生日礼物给他孙子，但是这个老人没有网银，也没上过网，更别提怎么去抢购。然后他就打电话到我们客服，说：哎呀，怎么办？我一定要买一个送给孙子做生日礼物。我们一个员工，用自己的网银，自己出钱给老人订了一台小米手机，然后写的是老人的快递地址。老人非常感动，后来专门跑到小米客服送钱过来，还写了个“寻找好客服王小姐”的纸条。同事都在问，这要是骗子怎么办？拿不到钱怎么办？为什么会这么做？她说：第一，要解决用户的问题；第二，她相信这位老人不会骗她；第三，如果老人没有还钱给她，她相信她的主管是不会让她独自承担这笔费用的。

小米的一线客户服务员工，在帮助用户解决问题的过程中，都有权限直接送给客户一些小礼物，而无须向他们的主管申请。1 800 名客户服务员工，每个人都可以自主地判断他们当前服务的这个用户，是否需要给一些额外的小礼物。我们有个系统会简单统计这些赠予行为，包括赠品的成本，大概送的理由，但对这些细节我们不会过问太深。我们相信，这些一线做服务的同事能够合理地根据具体情况做出正确的判断。其实，越是信任他们，越是下放权限，他们越是谨慎。

信任是小米企业文化的特色。早期我们刚开小米之家的时候，像我们一个店会存放 500 台以上的手机以方便用户上门自提，小米手机多抢手啊，一个店我们隔三天调一次货，一个地方调那么多台，结果年终盘点下来，我们全国各地的小米之家内库，一台手机都没有丢过。

这种信任，是任何 KPI 和制度都无法做到的。

我们给了服务部门很大的自由度。刚开始，客服主管一般都放不开，能不送礼物就不送，尤其是那些有过很多经验的客服主管，他们是很放不开的。但是你给了他们这样的权限，给了他们优秀员工好的待遇和期权，给了他们各种信任，他们会感觉到即使是客户服务工作，也是值得被尊重的，像我们的研发同事一样。

对于小米的客户服务团队，我们给他们开出了比业内标准高 20%~30% 的薪酬；给他们准备了比传统客户服务工位面积更大的办公卡位；还拿出工位装饰专项资金让他们按照自己的意愿去设计自己的办公位；给他们和全体员工一样的价值数千元的办公椅子；而且只要工作半年以上，工作表现得好，我们就给期权；我们还建立了专门的“米粒学院”进行基层员工培训和职业技能认证……这一切，都是为了让员工产生对企业的归属感，让每一位基层客户服务员工都能够发自真心地热爱这份工作。

我们希望，能够打破常规的客户服务工作传统，以小米做产品的思想去建立一个自我驱动进步型的客户服务体系，而这个体系的关键是人。重不重视服务，看你重不重视对服务的投入。我多次和小米客户服务业务的同事们讲，小米是个创业公司，我们会厉行节约，不该花的钱不乱花。但是在服务方面，我们要舍得投入，舍得花钱。

虽然客户服务工作并不直接为公司带来收入，但是我们就当在客户服务方面的投入是我们的市场营销广告费用好了。我相信，我们在客户服务方面的每份投入，都会带来更大的回报。

2013 年和 2014 年两年多来，小米客户服务团队组长以上的管理团队上百人，流失率低于 5%。我想，这在所有服务行业里面也是绝无仅有的。

小米还有一群特殊的“客服”，那就是我们的米粉。小米的产品依靠口碑传播，绝大多数购买小米产品的用户，都是因为他们的朋友推荐的。超过 20% 的用户会使用他们的小米账号帮助朋友们购买小米的产品。因此，当用户在使用小米的产品中遇到问题时，往往会第一时间找到推荐他们购买小米产品的朋友。这些资深米粉在这个时候就充当了小米兼职客服的角色。这些米粉“客服”群体的数量，绝对超过了任何一家公司所能建立的客户服务部门的员工规模。

我们非常看重这些米粉，我们会根据他们的意见反馈不断迭代小米的服务和改进产品体验。同时，我们也经常专门针对这些资深米粉开展感恩回馈活动，帮助他们优先使用上小米的新产品，邀请他们参加小米的发布会等。

“和用户做朋友”是“参与感三三法则”的服务战略，让员工有参与感，也要让用户有参与感，还是那句话，在制度面前更重视人的因素，就会给我们带来更好的回报。

服务是小米商业模式的信条

服务是小米商业模式的信条

小米为什么必须死磕服务？

我在面试一些服务主管的时候都对他们讲：如果你想做好服务，来小米是最佳选择。小米的商业模式就是个小餐馆模式，就是做好服务然后收小费的模式，所以必须把服务做好。

把服务做好，不仅是公司老板的信条，更是小米商业模式的信条。

从商业模式的设定上，小米就是把硬件产品当互联网软件看。而互联网软件就是通过海量、微利的方式赢利。赚小费的公司还不把客人服务好，那肯定要歇菜。雷总多次在内部会议上跟大家讲："我们把产品、服务做得用心一点儿，让用户喜欢我们。用户喜欢我们了，'打赏'我们一点儿小费，我们挣这个小费就可以了。"

小米的商业模式决定了服务就是核心竞争力。

传统的企业里，客服的地位往往都不怎么高。虽然很多企业领导嘴上都会说客服很重要，但是实际上，客服的薪水最低，办公环境投入最少。而且，往往客户服务部门都会被当作一个企业的成本中心。很多企业把客户服务当作企业和用户之间的防火墙，认为客服的最大价值就是在前端挨骂。很多用户在联系客服多次之后总是愤怒地说："你们除了会说对不起，还会什么？"

我们在做客服的第一天就坚定了这样的信念：客服一定要把战略性投入做好。但是对我们的挑战是什么？我们产品的量上得很快，所以一上来我们客服团队也用了很多外包人员。最开始的时候，我们甚至 60% 的客服坐席是外包，40% 是自有，但现在慢慢已经变成 75% 是自有，25% 是外包。但是我觉得还不够，我希望在未来，要 100% 的客户服务员工都是我们的自有员工。给小米的用户做服务的人，当他们是小米公司一员的时候，才会对服务工作有更多的认同感，他们会感觉到，这是在给自己的用户做服务。

要死磕服务，先要死磕产品。我们要求每一位做服务的员工和研发团队一样，先要成为小米产品的粉丝，每天都要用自己的产品。我们还在推行让粉丝成为员工。

不少用户在现场体验过小米之家的服务后，会选择申请来小米工作。他们说小米的服务和别人不一样，像对待朋友一样，用心而且氛围轻松。小米之家杭州站的店长本来就是一名资深米粉，论坛 ID 是著名的"白板笑西风"，后来加入小米，并做到了店长的岗位。

用户在哪就到哪做服务

用户在哪就到哪做服务

如何第一时间解决用户的问题?

用户在哪就到哪做服务，随时在用户周边，甚至不是用户上门，而是主动找用户。

许多企业给用户的售后服务渠道就只有一个 400 客服电话，但是如果用户当时不方便拨打电话怎么办？又或者当时已经是半夜，用户拨打电话的时候电话里传出提示声音说："我们的工作时间是周一到周五早 9 点到晚 6 点……"我想很多人都遇到过这种情况。这样传统的服务方式，无非是在告诉用户：我有服务你的方法，你要是想要得到我们的服务，请按我的规矩来。

但是对于小米来说，用户在哪里，我们就把服务做到哪里。小米有很多深度的网络用户，对于这些"90 后"，甚至"00 后"的年轻人来说，打电话往往是一件很痛苦的事情，而上网聊天则是他们喜欢的沟通方式。所以我们开通了 7×24 小时的在线服务平台。

小米 2010 年最早只使用论坛的形式来做服务。从 MIUI 论坛开始，我们只有几十个员工的时候，就让全体工程师、创始人都上论坛去解答用户的问题。后来随着用户的增加，我们在论坛上开设了专门的论坛版块来接受用户的咨询，解决用户反馈的每一个问题。

2011 年小米手机发布后，我们建立了 400 电话客服系统和在线客服系统，再后来我们的用户都在玩微博，他们也在微博上咨询 MIUI 的使用方法，反馈小米手机的使用问题，我们就直接组建了一个数十人的团队，专门在微博上和用户保持一对一的沟通。每天超过数万人通过微博给小米发来私信或者评论，我们做到了每个用户的问题都在 15 分钟内响应。微信流行起来后，我们随即组建了微信客服运营团队。同样的，小米也开始在百度知道和百度贴吧上直接去服务百度平台上的用户。

展开说说如何在微博上做好客服？第一，我们有配套平台，专门开发了一套对接微博的客服平台，要不然这么多用户，要想快速完成服务是有困难的。第二，我们不断地把整个响应时间优化，从一开始的 30 分钟，到现在的 15 分钟。第三，我们强调语言环境，一定要“讲人话”。在微博上，哪怕讲点儿俏皮话都无所谓。因为微博很多都是私信来往的，这种朋友般的带入感，应该是越真实越好。

把服务门店做成家

把服务门店做成家

有一次，小米服务的售后主管来问："桌子是多少钱标准？壁灯又是多少钱标准？"我反问她："你在装修自己家的时候，有 KPI 吗？"

这是 2013 年，我们决定对小米之家进行升级，关掉那些面积太小，当地又有比较好的授权售后网点做支持的小米之家，全力打造更具示范效应的小米之家旗舰店的时候，负责人来问我装修标准。

最后，她在装修的时候，光是用来摆放展示产品的桌子就换了四次。

小米之家是官方服务旗舰店，是提供售后、体验、自提服务和用户交流的场所。和其他的售后门店不一样，我们想要给小米之家营造出"家"的舒适感。

在启动小米之家这件事情上，我们又做了不少"反传统"

各地的小米之家

的选择。一般对于一个新企业来讲，在业务刚刚起步阶段，建立面向全国的售后服务网点是一件非常困难且投入巨大的事情。传统的做法是先快速选择建立授权加盟的第三方服务网点。然而，我们选择了一个最笨的方案：在启动第三方服务网点的同时，还同步开始建设官方售后服务门店“小米之家”的工作。小米之家没有选择开在闹市临街的地方，都选址在写字楼里，但要求附近交通方便，比如步行至城铁10分钟。虽然是服务门店，但内部装修设计标准要向最好的销售门店看齐。

小米之家定义的是服务和体验，而不是销售。当一个用户刚刚购买到小米的产品，或者一个还没有购买小米产品的潜在用户，他们到小米之家来，会发现在小米之家能做的事情实在太多了。体验和了解新产品，解决手机的故障，请小米之家的工作人员帮忙升级或者刷新系统什么的自然不在话下。各地米粉会到小米之家开生日party（聚会），下雨的时候去小米之家避雨，借一把雨伞，蹭网，甚至用小米之家的打印机来打印他的毕业论文……

小米之家的启动是2011年8月16日小米手机发布之后，我们的售后主管在10天内跑了7个城市，每个城市看了不下30个场地，最后才选定场地签订租房合同。同时，我们还在每个城市招募了当地的小米之家服务站站长和员工。再经历了一个多月的设计和装修施工，11月，当小米手机开始向全国用户发货的时候，7个小米之家全部开业了。

特别感谢当地米粉对我们的支持，没有他们帮助提前联系中介，搜集房源，全程陪同去看房等，我们也很难在10天内就做完这么多事情。事实上也正是这些米粉在各种场合对我们予以各种朋友般的帮助，才让我们决心一定要把小米的服务店面做好。

从第一间小米之家的装修开始，我们就像装修自己的家一样去设计和装修。很多用户说，去小米之家之前，想象是那种灯光昏黄的小屋子里，一张柜台隔开工作人员和用户，用户这边摆放着成排的塑料椅子，一个个用户在这里排队等着修手机的样子。然而，当他们第一次走进小米之家的时候就会被这种全新的售后服务中心所打动。

结果，不临街的小米之家，却成了小米公司面向用户的最重要窗口。小米之家装修漂亮，环境布置温馨，更重要的是，小米之家提供的服务和在小米之家举办的活动丰富多彩。两年多来，全国各地数十万计的米粉通过小米之家，和我们的关系更紧密了。

每年三月八日妇女节，在那天来到小米之家的女士们会发现，迎接她们的不仅仅有小米之家员工的笑容，还有一支支专门为她们准备的鲜花。

2012年1月16日是农历腊月二十三，北方俗称的“小年”。从那一天开始，每年的腊月二十三，小米之家都会和那些不能回家过年的米粉一起吃年夜饭。围在热气腾腾的饺子和火锅周围，小米之家，真的成了米粉的家。

我有一个很大胆的想法，我也在想它的可行性：小米之家能不能按照咖啡厅主题店的方式，在各地都建设一个拥有与众不同风格的小米之家主题店？家嘛，也许就应该充满个性，而不是千篇一律的整齐划一。

点滴系统

把售后服务门店做成“家”，算是个服务创新的大动作，但小米的服务体系做得更多的是微创新。

比如说小米之家的开业，我们每次都会喝小米粥。武汉的小米之家开业的时候，他们发了一张照片给我看，我觉得很赞。他们在小米粥上面设计了一个图形，就像卡布奇诺咖啡拉花之后呈现的叶子形状一样，他们用咖啡粉在小米粥上加了一个公司“MI”的标志，很有意思。

有一个员工跟我说，想让用户到小米之家天天都闻到不一样的味道，后来我们就给每个小米之家都配了香薰机。在售后服务的时候，香薰能让大家情绪变好。这是个很好的微创新。

我们小米有内部的员工维修通道，大家手上的测试机如果有问题时会找小米之家维修。有一天，我们销售部的同事很兴奋地对我说，她的手机屏幕摔碎了，小米之家的同事给她换了屏，还重新贴了膜，关键是手机送回来时是悄悄地放到她桌子上的，在一个精致的礼品包装里。

小米服务质量的不断改进，正是来自一线员工在具体工作中一点一滴的建议。为了持续推动这种改进，我们决定开发一个产品，这就是小米服务体系的“点滴系统”。

点滴系统专门开发了手机端的App，我们的服务体系员工都可以在点滴系统上提出自己的建议。每个人都能看到别人的建议，评论它，给它打分、点赞。我们成立了专门的点滴系统5人运营小组，负责对系统中一线员工的建议进行公布、奖励、评比以及实施的工作。好的建议，不用通过什么会议，直接通过点滴系统提交，只要运营小组有超过3人点赞同意，就意味着建议已经被采纳并会在实际工作中推进实施。

点滴系统充分地调动了我们服务体系一线员工的工作积极性。一旦建议被采纳，就会发米兔、配件等奖励员工，整个流程完全透明，所有人都能看到。他们深刻地感受到小米服务工作的成长正是源自他们每一个人的点滴智慧积累。

这种基于服务的互动，也是一种参与感！

快是做好服务的根本

快是做好服务的根本

天下武功，唯快不破！

对于小米的服务工作来讲，互联网七字诀“专注、极致、口碑、快”依然有效。用户对服务的根本需求是什么？他们要你发货快，咨询响应快，售后解决问题快。因此，要做好服务的核心，就是一个“快”字。

针对用户对发货速度的需求，小米推出了核心城市的24小时极速配送，和多家物流公司签订了定制配送服务等服务升级举措。对生产和仓库的调度做了改进，增加了更多的中心仓库，从6个增加到10个。在配送公司的选择上也是按速度择优而取，其次才是成本考虑。

2013年11月11日的天猫“双十一”活动中，小米物流中心最高一天发货18万单，到了2014年4月8日的“米粉节”上，这个数字提升到3倍多，达到了一天56万单。

小米物流中心

小米之家 1 小时快修服务现场掷骰子游戏

小米建设售后服务部门的速度也是业内罕有的快。2011 年 7 月开始，在 4 个月的时间里完成了全国 7 家小米之家的选址、装修、招聘、培训等一系列工作，完成了 300 余家加盟售后服务网点的铺设。到 2014 年 4 月，我们建成了 500 多家加盟服务网点，18 个小米之家，还推出了业内领先的“1 小时快修敢赔”服务。

我们的“1 小时快修敢赔”服务，指 1 小时内修不好就赔 20 元。为了让用户感受到维修服务“快”的体验，我们设定了从前台受理用户售后开始到全部维修服务结束，不超过 1 小时的承诺。我们增加了现场掷大骰子的游戏，如果超时了，用户可以领小米网的 20 元现金券，也可以来参加现场掷大骰子的游戏，掷出不同的点数，可以获赠不一样的小礼物，以表示我们对未能兑现承诺的歉意。结果，售后维修前台本来是个气氛沉闷的地方，但是在小米之家的维修窗口前却是欢声笑语不断。

小米的客服部门从一开始仅有的十几个人，到 2014 年 6 月已经建成包括电话和在线客服团队在内的 1 800 人，在国内手机行业首家做到了 7 × 24 小时服务。为了快速解决小米用户的意见反馈，我们在小米社区、新浪微博、微信、QQ 空间、百度知道和百度贴吧等平台上都建立了服务平台，第一时间响应用户的售后请求，比如说用户在微博私信公司号，我们的要求是在 15 分钟内响应。

“快”作为一种企业文化，也感染了小米 500 多家授权售后服务商。他们也开通了自己的微博和微信账号，甚至会安排专人，在晚上9点微博使用高峰期，搜索有关小米和本地售后关键词，有投诉就快速联系解决。

“快”的服务会成为品牌的核心竞争力。做手机这个业务就像垒长城，链条很长。小米在创业的前三年，其各方面都在快速搭框架，2014年要求物流、售后和客服的服务品质再度拉伸，这一步的到达除了决心，更需要足够的资金实力。这恰恰就是雷总说过的创业要选大市场，找最好的团队，还要准备足够多的钱。

如果你发货不够快，用户咨询响应不够快，售后维修不够快，这个时候谈什么个性化服务，什么差异化服务，都是空谈！要做好服务的根本，核心就是一个字：快！

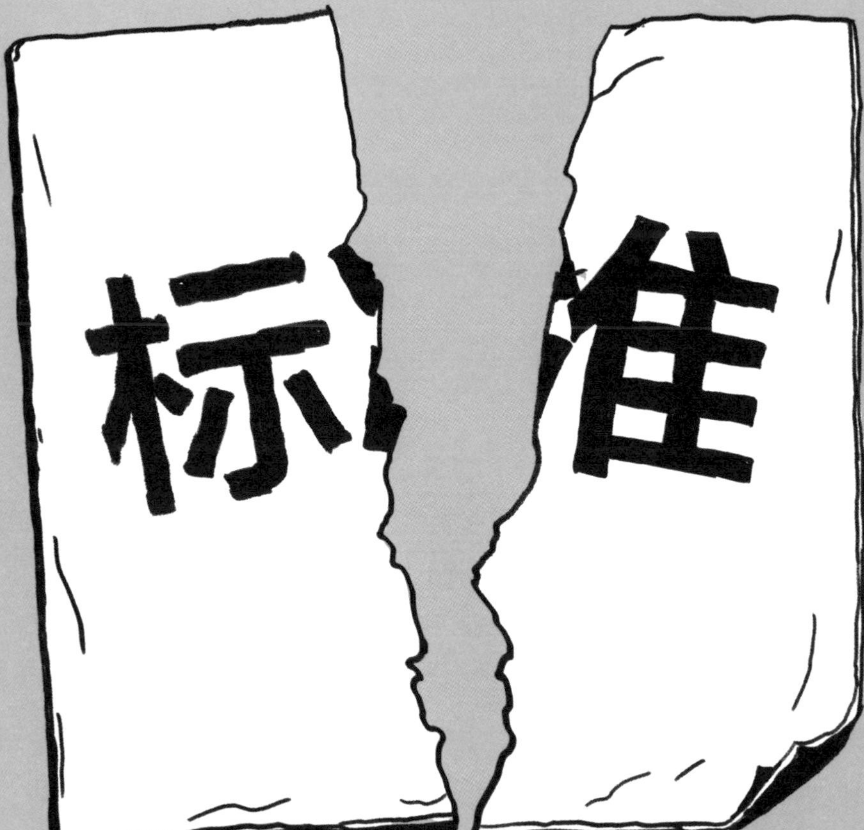

标准之上的非标准化服务

标准之上的非标准化服务

谁会喜欢格式化的笑容?

面对面服务的感觉好不好，真诚最重要。

传统的客户服务，都会通过培训教会员工一套复杂的标准答案。在小米的客服体系里面，我们不仅仅有标准答案，我们更要求大家在掌握了标准答案后能够忘记标准答案，敢于面对具体问题想方案，敢于“说人话”。

因为我们服务面对的是人，如果我们通过标准答案把客服员工培训成机器，让机器去和人对话，那用户怎么能满意呢?

我们提倡不通过统一的标准话术来回复用户的问题，一开始让很多传统客服出身的客服主管缺乏安全感，怕说错话。后来大家一起每天听客服录音，听听这句话说得好不好，那句话还可以怎么改进。每天都尝试做一点点改变，让所有客服员工都参与到这个改进的过程中来。改掉的不是标准答案，而是我们和客户沟通时的心态。

在小米之家，我们经常说的一句话是：非标准化服务就是要“走心”。有一次，一位女用户来到苏州小米之家维修手机，她当天的心情不大好，我们的店员现场送了她一个手绘彩壳——在她的手机后壳上手绘了一棵绿树。这位用户高兴地说，这是工艺品，舍不得用，要回家裱起来，在临走前还送了一支洗面奶给我们的店员。

在很多公司里，客服部门基本上和公司的业务部门不打交道，通过客服工作收集上来的用户反馈，往往也是定期汇总一份报表，发送给相关的业务部门就完了。在小米，我们坚持把客服部门和总部研发团队都放在一起办公。如果某一类产品问题的电话量工单突然变高，我们的客服主管马上就可以快速找到相关产品的负责人，直接找到解决问题的方法。

提倡“非标准化服务”的本质是，小米重视人的因素超过重视制度。

商品评价

可以，感觉戴不稳

小米客服：
您好，咱们的耳机是入耳式的，您可以尝试再调试一下角度，就可以帮您挂住耳机，而且相信我，入耳后，效果会更好的。感谢您的支持。

★★★★★ 来自 179538941 的评价 | 2014-04-16

质量杠杠的！～～～～音质很好

小米客服：
您好，大兄弟呀，一看就是东北那疙瘩地吧，咱们都是实诚人儿，以后肯定好好干，谢谢啊，感谢您的支持。

★★★★★ 来自 962 91915 的评价 | 2014-04-16

音质很不错，还不小心被我放衣服里在洗衣机洗过两次后音质都没影响

小米客服：
您好，虽然对咱们产品质量还是有信心的，但是我不得不赞美一下，您的心可以容（ni）纳（xin）百（tai）川（da）啊（le）。感谢您的支持。

★★★★★ 来自 160898388 的评价 | 2014-04-16

好好好，做全球第一，加油小米！！！！

小米客服：
您好，因为有支持，我们不光要努力做全球第一，我们还要打败奥特曼，战胜擎天柱，赛过超人，牛过蜘蛛侠，所以请您一直好好保养自己，等着看我们做到全宇宙第一的那一天。感谢您的支持。

★★★★★ 来自 9691730 的评价 | 2014-04-16

买给女朋友的，她很厉害

小米客服：
您好，这就是传说中的女神专用。感谢您的支持。

★★★★★ 来自 185568177 的评价 | 2014-04-16

小米网商品评价的客服“神”回复

人是环境的孩子

好的酒店要看厨房，好的服务网点要看公司的内库。

内库是存放售后维修的内部备件库房。我们曾参观过一些企业的服务中心和他们的内库，发现很多企业服务中心的内库建设，往往只满足于功能的需要，和服务中心前台漂亮大气的装修比较起来，内库往往显得相当简陋和凌乱。一开始，小米之家也是这样。

我认为，“人是环境的孩子”，在一个对客户光鲜，对员工却将就的环境下，服务体系的员工难免把服务当成一份不得已去完成的工作罢了。因此，小米在对整个服务体系，包括小米之家的后台、员工环境的建设上面，和大家看到的小米之家门店一样用心。

我们每个人都可能会在荒郊野外随地吐痰，但是当我们穿上西装、打上领带到铺着红地毯的酒店里去的时候，就没人会这么做了，这是环境给人的暗示。当我们的服务人员在小米之家工作的时候，他们每天统一换上充满青春气息的小米 T 恤或者外衣，他们自然而然地就会在面对用户时展现出积极青春的笑容。一般售后维修中心的那种大家面无表情走流程，客户着急，工作人员却无所谓的场景，在小米之家是看不到的。这和制度无关，用制度规范出来的“服务”，是假的，用环境塑造出来的服务，是真的。

小米之家的内库要求不但干净利落，还要美观大方。小米之家的内库虽然不对外人开放，但是那里是小米之家的员工每天都要去工作的地方。漂亮的柜子、漂亮的盒子，还有绿色植物、咖啡机和一些精致的摆件……这样的内库，让每个在小米之家工作的员工都能感觉到身心愉悦。

让员工身心愉悦不仅仅是给员工更好的福利这么简单。当员工在一个工作环境非常舒适漂亮的地方工作的时候，他有自己漂亮的换衣间，高端大气上档次的咖啡壶，整洁明亮的内库，员工会从内心感觉到他所做的这份工作所需要的那种品质。

我们提供给一线服务的员工干净整洁的工作环境，这样的工作环境，让大家日常去体会“美”的存在。并且，为了持续地在这样的好环境中工作下去，他们会自然而然地养成好的习惯来维护这个环境。因此，当小米之家的员工工作的时候，他们会自觉地把内库收拾得干净和整洁；当小米的客服员工在交接班的时候，都会把办公卡位收拾整齐，把椅子摆放好了再离去。

很多企业都会有专门给自己员工用的内部系统产品，但是说实话，很多企业的内部办公系统都不太好用，界面也不好看。我们经常吐槽这些系统，很难学，学会了又很难改。

我们在问自己：为什么不能用做前端产品一样的思路来做我们的后台系统呢？为什么当我们发现后台系统不够好的时候，不能及时修改呢？

小米的服务后台系统和 MIUI 一样，也是每周都会更新。

比如说我们的内部 F 码发放系统。最开始，F 码都是工程师手动生成，然后交由相关同事通过 E-mail 进行手动分发。随着小米的员工越来越多，这个工作也变得越来越麻烦。我们的数据中心后台系统工程师，他们决定做个发放 F 码的后台系统来满足大家的需求。最初，他们只是做了一个简单的网页版的产品，接入了员工的账号系统，员工用自己的公司账号登录之后就可以领取每月固定发放的 F 码。市场部的同事提建议："市场部做市场运营要申请 F 码，系统能增加这个功能吗？"很快，一个后台申请和审批系统被开发了出来。F 码的安全性似乎有问题？接下来一个能够绑定申请人手机号码的 F 码加密系统很快就上线了。

虽然只是一个只有几千个用户的内部系统，但我们的后台开发团队每周都会听取用户对这个 F 码发放系统的反馈建议，对它进行了持续的不间断的升级和改进。到今天，这个系统已经不仅仅能够申请和发放 F 码，还同时能够分发各种内部产品券、码等企业内部员工福利。不仅仅让员工能够通过网页登录，还开发了手机端 App，让我们的员工随时随地可以查询、申请、使用各项券码。而这个系统，仅仅是我们的后台系统团队所研发的数十个内部系统产品中的一个罢了。

之所以这样做，第一，是为了提高我们的工作效率；第二，还是所说的“人是环境的孩子”，你给员工提供怎样的办公环境，他就会回报你怎样的工作成果。员工从公司对自己的服务中体会到的感受，将直接反馈到员工对用户的服务态度当中。

设计篇

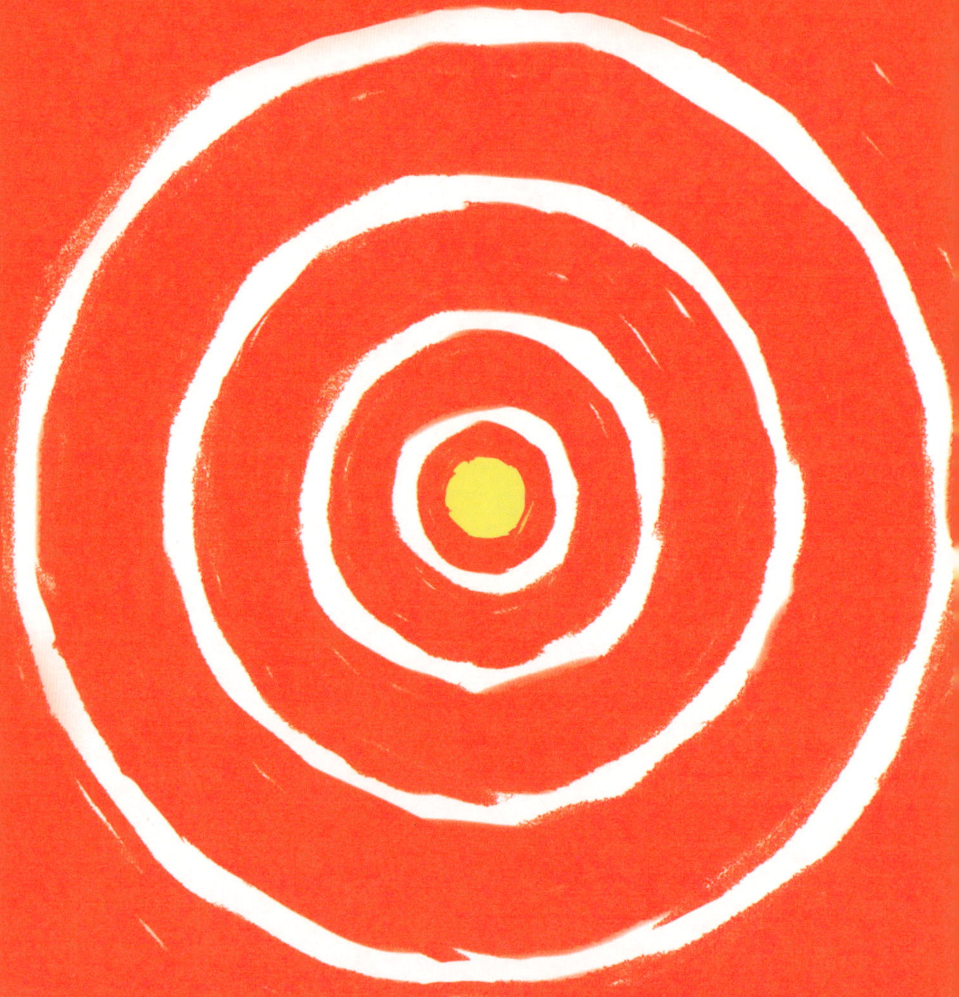

一剑封喉

一剑封喉

一剑封喉，是小米设计思维的原点。

具体说就是在产品的文案策划和画面表达上有两个要求：一要直接，讲大白话，让用户一听就明白；二要切中要害，可感知，能打动用户。

“卓尔不凡”，这是我们在诸多广告中最常见到的词，却是小米内部策划会议上经常被“批判”的一个词语。**我经常在内部讲，小米做的是口碑推荐，我们在定义产品的卖点时，其实你只需要考虑一个场景，你在那个场景会向朋友怎么推荐。**你向朋友推荐的时候，肯定不会讲“小米手机卓尔不凡”，对吧？肯定得讲大白话“小米手机就是快”。

同事给我很多案子，我的第一句很多的时候是：不要这么扭扭捏捏的，能不能简单直接点儿。很多企业在设计上，第一个陷阱就是玩虚的，比如高大上、伟光正。这套设计你觉得用在你的产品上挺好，用在别人身上也挺好，看起来很潮、很炫，想展现品牌高大上，简单说就是“要画面”，觉得用在哪儿都挺好，但就是不抓心。第二个陷阱就是经常把噱头当卖点，没有把产品那个最大的、最本质的点讲清楚。

分享几个小米做产品海报的思考过程，大家看了就懂。

案例一：小米手机就是快

在小米手机 2 发布之后，我们需要输出一张给框架广告的海报。2 代手机核心卖点是性能翻倍，全球首款四核。所以在海报表达上倾向突出高性能的特性，“快”是核心关键词。文案有“唯快不破”“性能怪兽”等，但最后我们选择了“小米手机就是快”，主要是够直接、够大白话。

广告的信息输出是需要编码的，到消费者那里需要解码，然后中间会有干扰和耗损，所以最有效的是编码简单，解码直接，保真度最高。

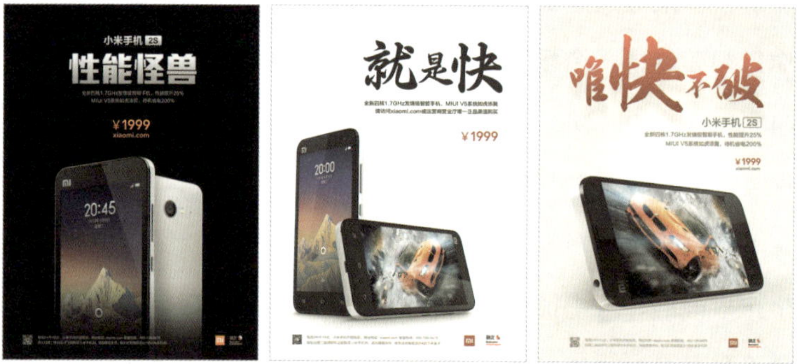

“小米手机就是快”海报备选方案

“小米手机就是快”海报最终方案

案例二：99 元听歌神器

这是小米活塞耳机的产品文案。做耳机的营销很难，因为耳机是很专业的东西，比如你要说音质，音质本身没法用图文精确描述，我们翻遍了市场上几乎所有耳机的营销案，发现都说得玄乎其玄，一般都说所谓的“高频突出，中频实，低频沉”。小米第一次做耳机，你再讲这些东西，第一是跳不出原来的路数，第二恐怕你没别人讲得专业。

设计和策划得从产品原点出发。我们的出发点就是做一款大众流行的耳机，它不是专业发烧级耳机，但能提供对于大多数用户而言足够好的声音，当他们开始想购买有品质的耳机时，小米耳机成为首选。具体来说，也就是比得过市面上 200~500 元之间的档次。

我们最终出来的产品，的确做到了这一价位区间的领先，而我们的定价只有 99 元。高端玩家可能对这个领域的产品不感冒，网上耳机评测专家“耳机林 sir”说，这款耳机不怎么样，顶多也就值 300 多元。这句话其实是对我们产品品质的客观肯定，在他判断中小米耳机在“300 多元价位段”。

策划团队把这款产品的卖点逐个拆解开来，也同步在考虑给产品一个好名字。

当时担任这款产品策划的是一个刚从广告公司过来的小伙，他身上有些传统广告文案操作的习惯。一开始提出一堆名字大多都是“灵动”“灵悦”之类，我觉得有点烂大街，相近名字在各大品类的商品中毫无辨识感。我们需要更简单直接的东西。我们从音腔形态和发声单元外表上找到了出路，外形像活塞，那我们就以此命名叫“小米活塞耳机”，活塞给人的感觉也有动力感。

产品点分为卖点和噱头，卖点是用户愿意为之掏钱的，噱头是有意思但用户不会为之掏钱的。卖点定义分为两类：一级卖点和二级卖点。一级卖点只有一个，这样用户才记得住，如果你说三到四个就等于没说。二级是辅助描述一级的，一般有两到三个。

如何找到小米耳机的一级卖点？我们耳机的产品团队有顶级的供应链和制造工艺经验，我们想到了从“工艺”环节突破来讲“音质”。我们要给用户传递的关键是品质感，其中包含了工艺、用料和包装三方面。

工艺的话题，我们特别想说的是，这个音腔是一块铝锭整体一刀成型；在用料方面，我们用凯夫拉的线材；包装方面，我们策划的同事原本想说的是多彩绕线器，但很多用户没用过，所以我最后建议还是使用“礼品级包装”，包括了绕线器以及特别精致的包装盒等。下面列出几个当初的候选文案。

一级卖点方案1：灵感来自F1活塞设计。

被否：描述太虚。

一级卖点方案 2：航空铝合金一体成型的音腔。

被否：这是二级卖点。

二级卖点方案 1：奶嘴级硅质，柔软舒适。

被否：不是卖点，是噱头。

最后卖点定的是——小米活塞耳机，99 元听歌神器。

我们没有选择“听音乐”，因为这个说法还是有些太专业的意味，也缺乏亲和力，不如“听歌”；我们拿出了史无前例的性价比，把一款用料、工艺、表现值 300 多元的耳机卖到了 99 元；策划团队从互联网新生代群体话语体系中抽取了一个叫“神器”的词，听起来“不明觉厉”。

活塞耳机的卖点，一开始总结了 12 个，一路 PK（在对比中淘汰），后来变成了 7 个，再否定，到最后只剩下了 3 个。这是一个去繁从简的过程。其实我们的方法论也够简单，想想怎么跟朋友推荐。你肯定不会乱飙广告修饰词，而是直接简明说最重点的要素：使用一体成型的铝合金音腔所以音质好，军用标准的凯夫拉线材用料好，礼品包装高大上，还只卖 99 元，买个包装都值了。实际上，见过这款产品的人几乎都能把三个核心卖点背下来。很多人向朋友介绍这款产品时会有个标准动作，扯一扯凯夫拉的耳机线。

我始终认定，所谓营销绝对不要讲一堆空话，把最能打动用户的话用最直接简单的方式说出来就可以了。

案例三：小米移动电源，10 400 毫安时，69 元

这是 10 400 毫安时小米移动电源的产品文案。

一开始，我们的策划团队想说明它小身材、大容量，也试图强调 1 万毫安时能够让手机续航多久。甚至，还有一些没节操的描述方案，比如“不但大，而且久”之类的，但都被我否掉了。

第一版：小身材，大容量。

被否：太虚了，就是大家不可感知，到底多小多大还要去想，还要想多一层。

第二版：重新定义移动电源。

被否：太虚了，本质上来讲我们没有重新定义，容易盖上一个很大的帽子。

第三版：超乎想象的惊艳。

被否：太高大上，不抓心。

第四版：最具性价比的手机伴侣。

被否：不够直接，不知道是干吗用的，手机伴侣让人第一时间甚至会想到 WiFi（无线网络）。

第五版：一掌之间，充足一天。

被否：充足一天，没讲出差异点。

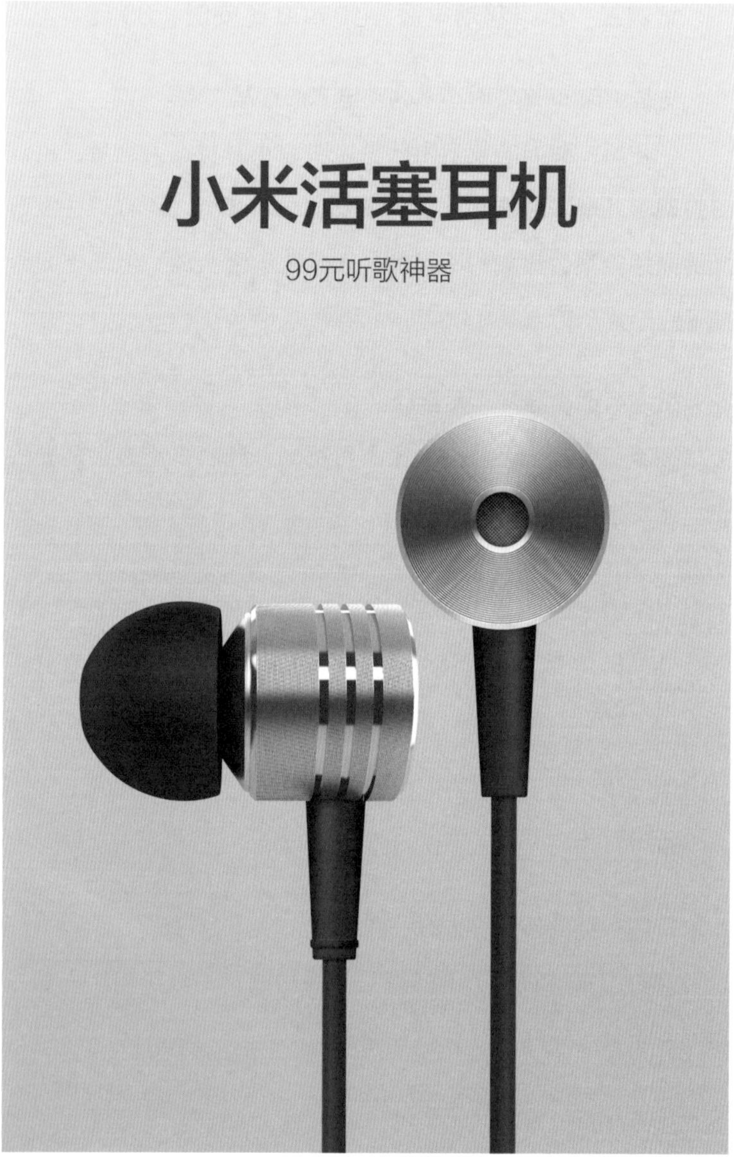

小米活塞耳机产品海报

第六版：小米最来电的配件。

被否：配件让人第一时间会想到手机壳。

第七版：69 元充电神器。

被否："神器"这个词曾在红米和活塞耳机上用过，如果再用就是一种很偷懒的做法，我从根本上就排斥它。

这样一路 PK 下来，后来我就说我们干脆就写它的大小、价格就完了，这是最直接的。最后，定的一级卖点是：10 400 毫安时, 69 元；二级卖点是：LG、三星国际电芯，全铝合金外壳。

当时整个移动电源市场处于混乱的状态中，和我们一样 1 万毫安时的，市场里的品牌产品均价大多都在 150 元左右，并且外壳是塑料的，电芯和保护电路等也都尽量从简，更谈不上什么设计。还是说最直观的东西：10 400 毫安时小米移动电源只要 69 元。这么高的性价比真是疯了。如果用户感兴趣，我们再往下说：用了国际顶尖的 LG、三星电芯，用了德州仪器的保护电路，全铝合金一体成型的外壳工艺，这工艺和苹果 MacBook（便携笔记本）外壳一样。

图形设计也要一剑封喉

看了几版文案的设计思路，再说说画面的表现，图形设计也要一剑封喉，直接可感知。我认为产品海报，数码产品最好的画面是产品图，不必要为了卖点而做过多花哨的创意。产品

小米移动电源产品海报

图关键要体现品质，让人看到就想拥有。

说起手机海报，比如说“小米手机就是快”这个文案，曾经有设计师做了豹子从手机中奔跑而出的图片创意，看起来很酷，但手机形象模糊了。这不可取，因为，手机产品就是唯一的明星。

确定用产品图片，用什么角度和组合，也非常考究。移动电源第一版海报是电源产品的侧立面图，已经非常精彩。但我觉得还不够完美，最后的版本是这样，正面握持的图片。为什么？因为我们还要告诉你，它不仅性价比超群，用料扎实，设计感突出，还有非常好的握持感。

还有，就是海报的整个信息架构要清楚。我们的做法一般是从上到下：第一句一级卖点，第二到第三句二级卖点，价格、产品图、购买网址和公司标志，把价格放到很重要的位置是小米的特色，因为性价比是我们的关键标签。

没人会喜欢塑料花，真实才动人

没人会喜欢塑料花，真实才动人

没人会喜欢塑料花。我们做的设计，要有体温，要有情感，才能打动人。情感化的设计有两处可着力：一是从产品定义本身就开始考虑；二是善用经典的生活场景或节日文化。

案例一：年轻人的第一台电视

我们做小米电视，就是想给年轻人做一台他们能买得起的好电视。

从产品功能的定义上，市场卖得最多的电视是哪个尺寸？年轻人住的并不是豪宅，他的第一个独立居所客厅里，观看位置到电视的距离通常就是2.5米到3米。我们选择的屏幕尺寸是47英寸。首先，它是我们产品定义范围内最主流、最合适的尺寸；同时，在这个尺寸上，我们可以在选用最好的零组件、工艺的同时把极限价格做到3 000元以内，而其他同行都卖到

6 000 元以上了。产品外观我们还是为年轻人考虑，准备了多彩面板。

发布会现场展示，我们需要解决的挑战是，如果按照常规方式像在卖场一样的大敞间里展示，一台电视太小了。如果像传统厂商那样摆十几台电视，就会非常平庸杂乱，毫无质感可言。

我们最后决定做样板间。做了若干个版本的样板间，有文艺青年的，有偏商务风的，有小清新的，有摇滚青年的。我们的设计师团队认真考量了所有视觉元素搭配的问题，以最适合的方案去选择家具，软装的造型、色彩，用色卡去比照油漆的采购，把宜家翻了个底朝天，让若干个版本的样板间适配我们不同色彩版本的小米电视。

“我有多大的房间，我是什么样的人，我喜欢活在怎样的空间里，我需要什么样的电视”，这是我们的整体设计思维。展示当天，不仅仅是用户和媒体，甚至小米电视产品团队的成员都发出了尖叫。一位研发工程师跟我说，在赶往发布会现场的路上，他反复猜度我们会有什么样的体验展示方式，但到了现场还是被震住了，实在超乎他的想象。

在展示之后，为了用户有更多的参与感，我们又将体验间搬到了产品官网和电视购买流程中，让用户自己来创建房间的装修风格，和不同颜色版本的小米电视进行搭配。用户不仅可以搭配出数万种个性房间，还可以一键将独一无二的小米电视客厅晒到微博上。从参观到创作，从创作到分享，“晒客厅”很快收到了上百万用户的响应。我们告诉用户，你首选的不仅仅是年轻人的第一台电视，还是一种属于你的生活方式。

一个真实的故事：一位用户买了小米电视之后，根据我们的样板间样式和活动页面搭配参考，先把电视柜换了，然后刷了墙，现在已经考虑全面换家具了。这是小米电视和展示活动激发了她对自己向往的生活态度的变化，引发了整个家居环境的大变脸。

案例二：节日文化

小米随身 WiFi 和 5 200 毫安时移动电源的首发活动，分别借力了元旦和情人节这两个节日。找到大众的情感跟我们的产品特点有共鸣的部分，会有更有趣且不同凡响的“化学反应”。

随身 WiFi 的预热期刚好是在圣诞，也是近元旦新年期间。随身 WiFi 有 6 种颜色，我们给每种颜色定义相应的音符，在产品页面上组成了两小节的旋律。用户通过鼠标点击或键盘阿拉伯字符键敲击，就可以关联相关音符，弹出一段旋律。旋律的选择方面，用的是《铃儿响叮当》中的两小节。我们在平安夜上线了产品页，用户操作弹动音符后，相对应颜色的随身 WiFi 的 USB（通用串行总线）保护帽就会跳起，从视觉上增强了动感要素。最终，有 120 万用户弹奏完了旋律，创下一项世界纪录——同一天内有数量最多的用户弹起这首世界名曲。

5 200 毫安时移动电源的策划时间更短，只有 3 天，但一

小米电视体验间

早就扣准了情人节这一节日。在 10 400 毫安时移动电源的策划中我们使用了“最来电女友”投票的设计案。所以，在情人节来临时，我们顺势选用了最般配的男女朋友的概念，把先发的 10 400 毫安时移动电源拟人化为男性形象，而 5 200 毫安时移动电源则拟人化为女性形象。从产品角度说，10 400 毫安时移动电源的用户更多为男性，他们的手掌可以一手掌握，而女性能掌握的是 5 200 毫安时版本。况且“5 200”也和“我爱你”有着谐音的相近关联。

小米随身 WiFi 的新年首发

小米 5200mAH 移动电源的情人节首发

设计要有期待感

设计要有期待感

如何让一张海报也有参与感?

国画里讲究“守黑留白”。设计要留白,设计语言别太满,意思是指要留有想象空间,要有期待感。“参与感三三法则”提到的设计参与互动的方式,留有期待感就是为了让用户更方便参与进来点评。

我们每次新品发布会的预告海报都是小米设计思维最典型的一次展示。

2012 年 8 月的年度发布会上,我们发布的是至今累计出货超过 1 500 万台的小米手机 2,作为单款长周期爆款销售的经典机型,它注定将被写入国产智能设备的史册中。在当时,小米凭借小米手机 1 的表现初步站稳了脚跟,8 月 16 日,小米要发布第二代产品,它是初战胜利的总结。

发布会现场海报的设计,我们曾经考虑用大量的科技或动感设计元素来体现小米手机的发烧属性和小米用户人群的热情。设计团队拿出了大量的设计方案稿，但一堆“80 分”的设计稿都有一个问题：没留白，想象空间太少。

于是，我们把产品的核心信息点分解开来，实际上，这是设计工作中最基础、最费脑筋的一步。我们需要明确地告诉用户，即将发布的第二代产品，性能相比第一代翻倍，时间就在 8 月 16 日，地点在北京的 798 创意园区。

这几个核心点写在黑板上，整支团队都团坐在办公室地板上。我想能不能用一个数字公式去传递？我在小米手机和 2 之间加上乘号，把 816 和 798 两个数字合并，于是就有了下面的等式：小米手机 x2=816,798。当时我们的核心用户群体都知道 816 和 798 两个数字的含义，因为我们第一代产品也是在一年前相同的时间、相同的地点发布的。而新用户和潜在用户则会四处询问这个等式的意义，在揣摩之中获得更多的期待感。

留白是一种设计上的选择、精粹、顿挫与控制，呈现的是关键的核心元素，以隐喻的方式或表达情怀，或展现质感，留有足够意味的想象与期待。

2013 年度发布会，我们采用了“倚天屠龙”的主视觉方案，放出之后，用户就在期待中揣测，究竟是“两款不同品类的重量级产品”还是“采用双方案平台的手机”，结果是两者都是。

2013 年底路由器首次公测，我们发出的第一张微博预热海报上，给出了产品的一个正面局部照片，网友们热情参与猜测

2012 年 8 月 16 日，小米发布会主视觉设计过程稿及现场应用

和“二次创作”，结果超凡的群体想象力让我们甘拜下风，“年轻人的第一台豆浆机”“土豪保暖瓶”等诸多PS设计方案漫天飞舞。

2014年“5 · 15”发布会预热海报是一张色彩斑斓的螺旋运动，暗示了我们发布的产品中将出现全新品类的“小米平板”。

再说一个挺有意思的案子，2014年“4 · 23”新品媒体沟通会前的预热海报设计，我们的主文案是“情理之中，意料之外”，因为我们准备发布三个新品：路由器、路由器mini和小米盒子增强版。当时大家都猜我们必然发的是路由器和小米盒子，但路由器mini肯定是意料之外的。我们的策划在白板上写文案，先写了“4月23日，情理之中，意料之外”，然后写“小米新品新品沟通会”，我当时一看，说他写错了，策划一慌，赶紧把一个“新品”擦掉。但我立刻走到跟前，写下了“小米新品新品新品沟通会”，大家一看，都哈哈笑起来——结果，海报发布到微博后，不少用户都会心点赞。

路由器网友PS图

小米路由器预热微博图

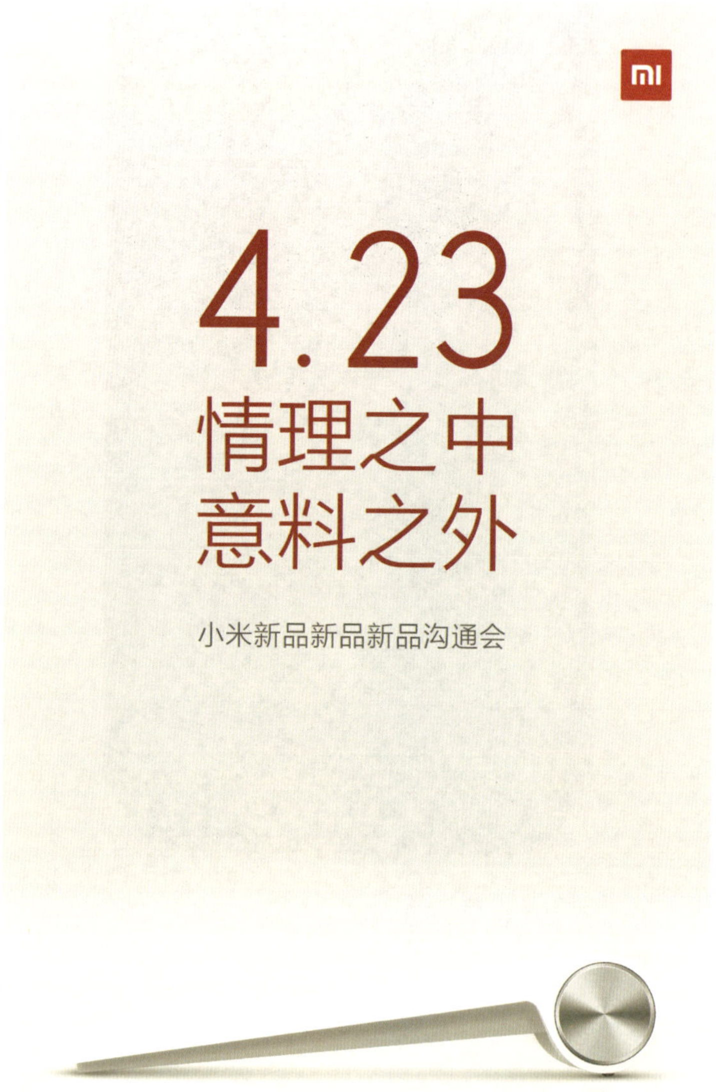

小米“4·23”发布会海报

小米“5·15”发布会海报

现场是检验设计的唯一标准

现场是检验设计的唯一标准

什么才是好的设计？

类似营销的4P理论，我总结设计也有3W+1H，就是：在哪里（Where），对谁说（Who），说什么（What），如何说（How）。

我所提到的“一剑封喉”解决的是说什么和如何说，在哪里说则是一个现场应用的问题。设计得好不好？放到现场就知道了。

我们一直讲，设计管理战略要坚持，最好10年不变，持续死磕。但如果一开始方向错了还继续死磕，就只有反效果。

那么，如何找到正确的方向？如何避免小脚穿大鞋？关键在于要把设计放到场景里：设计是放在什么地方用？给谁看？

本文的前几张图是设计在应用中闹笑话的场景。它提醒我们，场景化考虑很重要。看看小米自己的一个例子。2013年5

设计应用闹笑话的场景

小米 GMIC（全球移动互联网大会）现场海报设计

月，GMIC 互联网大会，很高端大气的会议，32 个国家的人来参加。需要设计一个现场海报，我们非常重视，让最资深的设计师反复修改了 5 个版本。

最后确定的就是一个看上去没有设计的版本。它乍一看几乎是路边那种打印店设计的，还是你去打印，人家免费送的设计稿。

从现场的反馈来看，小米手机的效果是最好的。挂海报是现场的入口处顶部，大家都匆匆而过，这时，大字报和醒目的颜色最有效，过多的设计都是信息干扰。

我们在设计网站投放的广告，在审核设计稿时，会要求设计师把广告模拟到不同网站的截图上，以判断效果是否最好。我们投放在楼宇框架的广告，每一个设计方案都会打印出等大尺寸，在投放前一周就贴在办公室和办公楼的电梯间来测试，看看阅读的感受是不是最佳。然后我们反过来改设计、图形创意甚至文字的大小和位置，保证效果达到最好。

所以说，现场是检验设计好坏的唯一标准。

一图胜千言

一图胜千言

今天是个读图的时代，如果能用图片表达，就不要用文字。

没有实体店的电商，网站就相当于“店面”，卖产品首先是卖图片。

小米做的是精品电商，产品要求款款爆品。小米网经历了三次大改版，每次的图片呈现方式都是优化重点。简单来讲，就是读图环境越来越纯净，图片越来越大。最新一版网站选用了杂志式的大图呈现方式，每张图片的品质要求做到就算不写产品名字和卖点，都能引起用户的点击。

不仅仅是电商，在核心事件的传播上，我们也尽量使用图片。

2014 年的“米粉节”上，我们全程进行了图片直播，把实时数据在提前设计的图片模板上进行传播。在全天活动结束后，我们立即做出了一条长微博图片，用最直观的方式把所有数据进行汇总呈现。

移动互联网时代用户注意力极其稀缺，在海量碎片化的信息中让用户注意并停留，一张特点鲜明的图片胜过华丽的长篇大论。

直观可感知，一图胜千言，这是“读图时代”最显著的注意力红利。

如何设计出一张“胜千言”的图片有很多技巧，在这里不讨论审美问题，介绍几个简单的小窍门。

（1）简单直接：简单并不等于简陋，而是恰如其分地表现产品最显著的特点。一张图片的最佳状态就是多一点儿会干扰最重要信息，少一点儿信息传达不完整。我经常问设计师“这个元素是不是可以去掉”，目的是让设计师思考哪些元素才是核心。

（2）可感知的情怀：不用文字也可以表现情怀，比如我们一款后盖产品，颜色属于小清新色系。在拍摄图片时摄影师使用了具有生活情趣的小道具进行搭配，产品传递的情怀感呼之欲出。

（3）适合移动设备阅读：每一张图片都应该考虑在手机、平板电脑上的阅读体验。有时候我们的设计师使用27英寸显示器，在电脑上看非常精美，但在手机中阅读时就会出现很多问题。每一张图片在看最终效果时，我都会让设计师传到手机上看看。

图片可以表现形象和色彩，文字还需要阅读和转译。从信息传递的角度，视频比图片还要高效。一图胜千言，一个视频胜千图。当然，如果有好的视频素材，也别忘了设计一个吸引人的图片封面。

在移动互联网公司，设计师和工程师一样重要。在社会化媒体传播中，很多事件都要求响应速度很快，为了要保证图片输出速度和质量，内部设计师团队的配备很关键。在这个读图时代，你如果决定创业，一定要一开始就别忘了找一个靠谱的设计师。

小米网后盖产品图片

看问PK

面试设计师的一看二问三PK

面试设计师的一看二问三 PK

我是设计师出身，而身边多数互联网创业公司的创始人团队都是技术或市场背景，极少有做设计的，所以经常有朋友让我推荐设计师，包括找我聊如何面试设计师。

设计师的真靠谱和不靠谱，其实就是真牛和吹牛的区别。我面试设计师的方式比较简单粗暴，一般就是“一看、二问、三 PK”。

一看，看他穿什么，就是以“貌”取人了，看是否有范儿。

这个“貌”不是说外表是美女帅哥，是指气场和气质；这个“范儿”也不是一定非得留长发蓄须。看看他穿的衣服鞋帽，往往就能体现设计师的审美能力和搭配能力，能让你感知到他的个性和生活品质。

更直白地说，设计师的工作是包装和美化，能设计出好作品的，都得有意识和习惯先包装设计好自己。

二问，问他玩什么，问他看什么。

问玩什么，就是判断他是否见了足够多的好设计，包括工作方面的和生活方面的设计。

做设计从某个角度讲就是再设计，把各类设计元素重新组合。见过足够多的好设计，对做设计的效率是有帮助的；同时身边的好设计等于一个参考坐标，有时候也决定了设计师做设计时的眼界，这些好设计就是他的天花板。

在找 MIUI 的界面设计师时，我会问他常玩的手机 App 有哪些，甚至让他把手机桌面打开看看到底装了多少。

一个人对自身所在的领域如果没有持续的尝鲜冲动，没有研究和玩的热情，我不相信他能成长为优秀的设计师。

问看什么，主要看他是否有深度阅读的习惯。

如何判断设计师的境界？可以问问他有没有保持深度阅读的习惯。很多设计师仅仅喜欢网上看资料、找资料，但是，这些碎片化的图形、元素和某个作品本身，只能提供一些气质和灵感，没法给予系统性的知识。

我早些年时，在一线做了很多项目后，花了很长一段时间，把我之前喜爱推崇的设计师的作品，全都按照纵轴线重新阅读了一遍，对设计师背后的设计思维有了更系统的了解。

真牛是建立在吹牛基础上的。基本经过“一看二问”都感觉不错的，至少这个设计师具备了吹牛的基础，那接下来就要挑战下是否真牛了。

三 PK，PK 他做设计的作品细节，PK 他做设计风格的稳定性，最后 PK 他做设计的态度。

当然，在好作品面前，在真正牛的设计师面前，很多规则是无效的。比如所说的气场，比如所说的专业出身。另外，找设计师要保证成功率，具体的岗位设定很关键。不要“喜大普奔”地就只想着找全能超人式的设计师，要分别找不同专长的设计师，比如对做视觉和做交互的设计师的要求就不一样。

设计管理三板斧

设计管理三板斧

小米坚持“直接可感知”“一剑封喉”的设计风格是靠优秀的设计团队来保证的，团队需要有效的设计管理来让他们的能力最大化。我所理解的设计管理三板斧，有三个关键词：坚持战略，死磕到底，解放团队。

设计一个全新的品牌，第一步要思考整个公司的定义，就是“我是谁”的问题，并且要围绕“我是谁”来展开很多基础的工作。品牌的发展历程无外乎是知名度、美誉度、忠诚度三步。知名度是让大家知道你是谁，是你出现在用户视野内；美誉度是让大家觉得你不错，你走到了用户身边；而忠诚度则是让用户真正爱上你，你走到了用户心里。

那么，好的品牌知名度该如何开始呢？从开始就要认真想想，产品名字也好，产品的卖相也好，公司的愿景也好，这些基础工作必须打起十二分精神去反复揣摩。有了这些，你才能有体系地去思考你面对的市场、你的产品，根据你独特的DNA拿出鲜明独特的设计。定义战略难，坚定不移地执行战略更难。这期间要经历很多考验，做不少抉择，一个好的战略是能坚持10年不动摇的。

有了坚定的战略之后，就看执行过程中如何死磕到底。那我们是怎么做的呢？就是不停地修改，改！改！改！然后呢？只要还有时间，就接着改！然后呢？再改改！

我们明确了设计战略目标，有了死磕的执行力，接下来很关键的就是学会解放团队，激活更大的生产力，提供设计管理的组织保障。其中的核心是让你的员工对你的产品有爱。当我们作为决策管理者工作的时候，我们要学会将心比心，换位思考。

小米是由一群发烧友做起来的，不必怀疑他们对产品原生的爱，而公司要做的就是保护并进一步激发他们的热情。我们要做的是设立一套更合理的机制，让爱产品的能量有效率地推动设计工作。在这个话题里，我们回避不了向海底捞学习。我们希望员工对顾客的服务热情是发自内心，海底捞就首先做到了高度关怀自己的员工。

从抱怨中，我们能发现问题，并找到解决问题的入手处。最常见的抱怨是“我们的产品经理和设计师协作的效率很低”。我觉得这个问题背后的原因很多公司没有真正意识到。很多互联网项目的开发节奏都经历了“从年到天”的变化，面对开发的迭代加速，要建立配套的项目组建设，最有效的方法就是全部碎片化，把项目全部拆开。

小米目前总共有100人左右的设计师团队，但不再是庞大的设计中心这样的整体架构，已经分到若干项目组中去了。而且在全面的项目化结构中，都没有复杂的任命，大家都不要操心我什么时候升副经理，什么时候升经理……这些都没有。他们直接跟产品经理和设计师组队，发挥灵活的小团队效率。

这种做法背后的行业趋势，其实已经被不少人重视了。在同一个总体设计品牌战略下，不同的产品、不同的设计应用场景，对于设计风格、表达方式和传达渠道的需求自然都不一样，这就是大家都看到的“元素集中、表达离散”的趋势。同时，设计师和产品经理的身份也开始有更多的融合趋势，小团队模式显然更能适应这些变化。此外，比较常见的抱怨还有，项目组建的时候，有时候会发现这个设计师的水平很高，但是设计出来的东西总是找不对点，华而不实。这个问题的关键是不懂用户就没有设计。所以，在小米内部我们要求员工全员去泡论坛、发微博，不断地跟用户交流，倾听用户的声音，让用户参与产品、营销的设计，这是小米商业模式的基础。

小米内部讲忘掉KPI，我们没有KPI，这个背后是以用户反馈来驱动开发，响应快速。比如我们MIUI的开发，MIUI的设计师、工程师内部全部泡论坛，我们每周快速根据用户的意见来迭代。甚至内部奖励，不是老板今天心情不错，然后说你做得好，而是全部依靠用户票选出来，大家公认的好设计才是好。

这种力量是循环互动的，当你很认真地对待用户的时候，用户也会用心对待你。

有玩者之心的团队，才会真正爱自己的产品，爱自己的用户，这才是解放团队真正的核心。

阿黎笔记

亚文化是产品经理的必修课

亚文化是产品经理的必修课

如何做出年轻人热爱的产品?

这是一个很复杂的问题，它涉及产品、营销和服务等多方面的工作。我认为，必须到年轻人生活的第一现场去，感受下那里不一样的环境和温度，才能积累起做产品的感觉。

亚文化是今天年轻人的第一现场，所以是产品经理的必修课程。

第一现场的参与感

为什么要到现场？我们可以看个例子。大家知道百度有个产品叫百度搜索风云榜，它能展示不同年龄层用户的搜索关键词排名和趋势。

我们选择视频内容的搜索结果就会看到，不同年龄人群的搜索构成是不一样的。尽管有的内容类别一致，比如《一路向西》和《色戒》，但它们的排名显著不同。更重要的是，这些排序反映出了人群间的消费场景差异。年轻人的荷尔蒙旺盛，所以《一路向西》和《色戒》这样的“神片”一直排名靠前，而且在电脑上在线观看，不受影院排期影响，《小时代》下架已久还位居前列。而 30 多岁用户搜索的电影榜单基本就是现在电影院上片的排序单，他们已经被培养起到电影院观影的习惯了。

百度搜索风云榜 2014 年 4 月

如果我们想了解年轻用户看电影的喜好，跑到电影院去调研他们的习惯就显然有问题。所以我们得找对现场。什么样的年轻人现场最有观察价值，人群兴趣趋向最一目了然呢？答案是充分展示他们兴趣和表达方式喜好的亚文化群体社区。早期说来，这类社区有猫扑、贴吧和豆瓣兴趣小组等，而最近几年新晋蹿红的则有表达方式更丰富、更直观的弹幕视频网站和暴走漫画等。“B 站”是当下最流行的弹幕式视频分享网站，我第一次看到视频上叠加的评论满屏纷飞，真是震惊了。面对每一分每一秒都是铺天盖地的文字，我的第一反应是，这里面的视频怎么看呢？但我的同事说看得挺过瘾的，于是我强迫自己看了 15 分钟，结果眼睛还是花的。

坚持看半小时后，我开始有点儿顿悟的感觉，画面看得下去了，会发现眼中的画面和评论是可以分离的，你想看画面就看画面，想看评论就看评论。请大家一定要试试。那种感觉就类似我们小时候看三维立体画：在二维平面看 3D（三维），眼睛不是要聚焦吗，突然间就变成三维的了，就是这种感觉。

简单看起来，暴漫和弹幕的共同点似乎是恶搞。有时候，所谓的成熟人群会说，“90 后”“00 后”没救了，整天就会恶搞。但稍微仔细观察下，我就发现这不仅仅是恶搞，除了恶搞视频、动漫之外，或许你很难想象，年轻人们还会通过弹幕看易中天讲历史等。

如果说起弹幕视频站的鼻祖——日本的 UGC（互联网用户原创内容）视频网站 NICONICO，就会发现弹幕更多的是一种工具价值和观影方式的变化——弹幕视频站甚至渗透到了日本重大政坛辩论直播中：不同党派候选人的政治立场激辩网络直播被用到了 NICONICO 上，人们对不同政治家的表现进行即时评价。

弹幕本身是一种内容，但不限于此，它更代表了新一代年轻人看视频的方式。我常常想起 10 多年前，每次跟父母一起看电视时，我就在玩手机、玩电脑，而父母会对此不悦，会唠叨说我看得不够专心。同理，我们对弹幕起初的诧异只是对年轻人行为的不理解而已。

事实上，成规模的亚文化群体聚集的社区不仅仅是内容的产生源，背后也都有着成体系的产品机制的支撑。

弹幕视频网站就提供了完善的弹幕生成工具，其中还有些高级小功能帮你达到神一样的弹幕效果。弹幕能够兴起的关键保障就是，它不仅仅是一种表达方式，还提供了一个很完整的产品链平台。暴漫也是如此，他们也有相应格式化的平台和工具。实际上，暴漫里面经典的表情，都是预制的，就是可以在已有的视频和图像基础上进行二次创作。正是这些强大、完整的产品平台，发动、鼓励和支撑了大量的亚文化族群参与者一起进行二次创作。其实这也符合后现代文化的特征：大众创作并消费，以及对经典元素的解构、戏仿和拼贴等。而且相比专业制作者生产内容，然后通过专业媒体分发渠道向大众广播的传统模式，有完善产品体系支撑的亚文化社区能提供广大用户更低门槛的参与热情和更繁盛的二次创作生态。用工程师们更熟悉的例子来说，开源社区的本质就是二次创作。只不过，在大众消费领域，不少亚文化社区的影响力更广，参与的门槛更低而已。

这是一种进化，这些充分产品化的“第一现场”提供了“超临场感”，也提供了进行二次创作的工具。借助这些工具，年轻人的二次创作才能以更低门槛的形式展开，并从中获得极强的参与满足感。年轻人总是渴求不同的个性并渴望找到同好。只是过去由于传媒覆盖能力和工具匮乏，这些有想法的年轻人能够接触和影响的人群有着极大的局限性；而现在，受益于日益发达的移动通信服务、社交网络、暴漫和弹幕站等提供的产品化工具体系，年轻人群如今更容易定义自己的不同，找到具备相近特质的伙伴，并更容易地传播自己的想法。

正是这些年轻人结成了各异的亚文化同好群体。所以我们希望如果想真正理解他们的喜好，就必须到亚文化群体的第一现场。

变化的本质是消费需求

那么，进化是怎样产生的？从消费观和消费习惯的变化可以找到一些原因和根源。

在我的理解中，这是消费观念进化树上的新枝芽。纵观这一变迁史，最早大家都是功能式的消费，然后到了品牌式的消费，再然后是体验式的消费，过去两年我们都在讲体验式。像我们老一辈买电话的时候，永远说他需要一个能打电话的、待机时间长的，这是一种很典型的功能式的消费，那时候就有了爱立信、摩托罗拉。后来到了品牌的时代，脱颖而出的是强调“科技以人为本”的诺基亚。那是一个很疯狂的年代，像保健品行业中曾经的“当红炸子鸡”[①]三株、红桃K们曾很自豪地说，自己把广告刷到农村的猪圈上。当时有很多设计公司做的模板化的企业形象设计，一套能卖上百万，实在是疯狂。再后来，消费体验成了新的时代关键词。比如手机厂商在此前纷纷开出了很多高档、精致的体验店，它们试图向消费者传达：你买的不单纯是一个品牌，还有很好的可感知的现场。

新的变革仍会不断涌现，我的判断是如今已经进入参与式消费的时代，这是一场消费理念的整体革命。

参与感是小米品牌的灵魂。在这里，我们认为新的参与式消费理念时代中，基于参与感的考量，对于企业和用户来讲，有了全新的要求。所以，我们会不断地去琢磨做产品、做品牌营销的流程，推敲怎样从开始设计的时候就能够方便用户来做二次创作，能够让用户参与进来。然后根据用户参与的意见不断完善我们的产品，用户在参与过程中，也会不断地获得成就感，这个链条会形成正向循环。

我们可以确定地说，年轻一代消费的是参与感，他不单单说我看到或摸到你的产品，还需要参与进来和你的品牌一起成长。

小米就实践了这一套方法论。我们是先做了MIUI的系统，然后才做了手机的硬件。MIUI是我在小米带的第一个项目，我们在一开始就定了这样的基本路线：我们要怎么样通过互联网

① 当红炸子鸡，网络语，比喻正走红的。——编者注

做一个让用户真正参与并不断完善的产品，而不是闭门造车。

手机系统在我们做之前，所有的厂商发布周期都是半年或三个月，后来我们做 MIUI 的时候，说我们能不能做到每周发布，每周迭代。刚开始创业时，MIUI 只有 6 个人，整个小米员工当时也只有几十个人，但能不能发动人民群众的力量，做 10 万人的开发团队，这是我们最开始的一个原点。

现在看起来很简单，我们一开始通过了最原始的方式，通过论坛，每周把我们的产品更新发布到论坛上，然后在这个过程中，产品经理都可以跟用户沟通。公司做这个事情的人，不单纯是产品经理，我们要求大家都要泡论坛，要跟用户互动。每周五升级了，用户下周二、下周三可以提交他的使用体验报告，我们根据体验报告得知上周的更新到底哪个组做得更好。我们内部根据用户的投票，就会说上周谁做了个改进很好，用户很满意，我们就有个小小的奖励。我们在内部形成了一个真正以用户的投票来驱动研发改进的过程，不是以老板的意见，也不是以某个很牛的工程师的意见。

我们还有“爆米花”这样的线下用户互动活动，邀请所有用户一起参与，和用户一起玩游戏，我们的开发团队会走到现场。我们在 2013 年的时候做了 19 场“爆米花”，民间发起的更是超过了 500 场。2013 年 12 月 27 日，我们在北京国家会议中心做了一场“爆米花年度盛典”，这个活动的核心是给我们的用户颁奖，当天我们的用户是明星。

主流文化也来自亚文化

参与感是一种基于情感互动和价值认同的新消费需求。我们看个更大的例子，比如 AKB48 是 2014 年日本当红的少女偶像团体，而整个 AKB 团队甚至有着 200 多人庞大的派生组合。这一团体的出现几乎可以视为近年来参与感消费需求崛起并成功的最佳案例，AKB48 拿遍了日本几乎所有的唱片和娱乐奖项，连续数年包揽日本全年单曲销售总榜的前几名，成了家喻户晓的国民少女偶像团体。

AKB48 的成功是 8 年间诞生的奇迹。初创时，她们只是活跃在东京秋叶原的地下偶像团体。但 AKB 史无前例地提出了“可以面对面的偶像”这一颠覆性概念，相比传统高高在上的偶像角色，AKB 设计出了众多与粉丝亲密接触、互动的环节，甚至可以由粉丝参与影响运营。比如她们在全国各地举办常规的握手会，粉丝购买唱片获得握手券就可以跟她们握手。她们很多成员跟每位粉丝握手交谈，站一天甚至手都握肿了。她们的“总选举”制度更是重大创新，粉丝购买单曲 CD 获得选票为自己喜爱的成员投票，由此决定单曲的选拔成员名单和名次。

不仅如此，她们整个体系不是单纯的简单包装，还有完善的选秀、升格、毕业制度和纷繁的线下剧场、线上电视节目等。我了解之后深感，AKB 模式背后的总制作人秋元康真是一位非常伟大的产品经理，他把整个选秀做成了体系化的平台，成为真正的造星梦工厂。而其中真正最打动人的是 AKB 是可以面对面的偶像，粉丝可以和她们共同成长。

关注亚文化一方面是真切地知道年轻用户的喜好，另一方面也是对未来主流文化的前瞻探知。

亚文化的演变和成长有着一定的时差。比如 AKB48，8 年努力后在日本已成为绝对主流。

又比如摇滚，20 世纪 70 年代后，在欧美已渐成主流，而在中国，10 年、20 年前听摇滚的时候，大家都觉得很另类，但今天的摇滚成了一种精神，被广为接受。如果进行比较甚至会发现，今天流行音乐中的很多摇滚元素的激烈程度甚至超过了 20 世纪 80 年代的经典硬摇滚。其间发生了什么？其实，“不是老人变坏，是坏人变老”。当初那帮听摇滚的人掌握了今天的话语权，成了社会主流。摇滚当初也是亚文化，但是摇滚精神已经得到更多人的认可。

《失控》的作者凯文·凯利曾经说，颠覆的创新都来自边缘地带。我们也会发现，很多的主流文化其实都来自亚文化。等眼下这群喜欢暴漫和 AKB 的孩子长大成熟，我们可以想象一下 10~20 年后主流文化圈又会变得怎样丰富多彩。

要做出让年轻人热爱的产品，关键是要到年轻人第一现场去。今天，亚文化是年轻人很重要的现场，年轻人现在消费的不是简单的功能，不是简单的品牌，消费的是参与感。我们应该对未来的主流文化心怀憧憬，并现在就出发。

科技要有慰藉人心的力量

科技要有慰藉人心的力量

我想和大家聊聊“科技生活化”，它听起来像前几年流行的“生活科技化”的反向镜像，那时候消费电子行业都倾向把科技元素嵌入生活，强调科技感。但科技生活化是什么呢？我觉得它的核心是，科技应该具有慰藉人心的力量。

如果说“生活科技化”是科技的炫技，那么“科技生活化”就是生活的悦己。

给大家举个例子，2012 年是可穿戴设备元年，从 2014 年起的三年预计将是发展的井喷期。但就今天已有的可穿戴式设备看，我认为它只是个很粗犷的萌芽状态。

今天留意去看，所有的可穿戴式设备那些宣传图片，都是把产品拍得高高在上，很高科技，但外观却几乎都做得过度夸张、精细不足。说起可穿戴，最典型的莫过于首饰，它们都务求精美，美轮美奂。如果这些设备不像首饰那样漂亮，你怎么会天天戴着它呢?过去我戴过很多手环,但是往往坚持一两个月就放弃了。

所以这类设备想要有真正的发展,能让用户愿意天天戴,肯定要在外观的设计感和整体的穿戴舒适度上有所变化。

最近这一次变革分水岭在20世纪末。在此之前的大众消费产品设计语言中,激光、复杂的人机界面、绵长的命令行等夸张的科技元素和塑胶键盘、绿色荧光等作为科技符号广泛出现;而苹果在20世纪末崛起宣告"消费主义"思潮开始盛行,从iPod(苹果公司设计和销售的数字多媒体播放器)击败更具工程机械感的MD(迷你磁光盘)和更具音乐品质追求的Zen硬盘播放器(由创新科技出品)时,这一大潮已经开始不可阻挡——iPod代表着年轻、时尚和自由。

所以,我们可以理解各类手环、心率带等可穿戴设备的出现。它的功能不外乎记步、记录身体体征的变化等,但它的本质属性更在于——更了解自己。这是对自身的关心与关怀,更简单地说,是"悦己"。事实上,它带来的愉悦感不仅仅在于发烧友们折腾的乐趣(这种乐趣更多只是出现在产品普及初期极客们的小众趣味),甚至可以说,和女生们逛街、购物、浏览时尚杂志或追情感剧颇有相近之处。

因为它能提供慰藉感。消费电子行业早已不再单纯是技术拉动,而是由这种"慰藉感"推动。你可以理解,它不再是个面目苍白的高科技行业,而是和时装、美食等一样,更看重设计感，更看重消费情绪。

在这个谈科技与设计言必称苹果的时代，我们还有没有其他值得学习的更纯粹的样本？

讲“科技生活化”，我想给大家介绍一个品牌：无印良品。

我很推崇这一品牌，无印良品一直给我很多启发：美好的设计传递的情绪能够如此慰藉人心。

无印良品当初仅用一张海报就征服了我，这张海报是2003年拍的，他们专门找了整个地平线，这是在被称为“天空之眼”的南美玻利维亚乌尤尼盐湖。它的禅意和空灵感一下能够吸引你，让你很放松。他们还去内蒙拍日出，也是地平线的感觉，其品牌调性表达得非常有意境。

无印良品海报

无印良品吸引我的第一款产品是CD（光盘）播放器，设计师是深泽直人。他借用了很经典的壁挂风扇设计，一拉开关音乐就像风一样吹了过来，让人的感觉非常美妙。

再举个例子，比如一直放在我案头的香薰喷雾器，它的设计有与你对话的感觉：圆角造型和磨砂材质让人感受到很柔软，可对话。其中，两段亮度的灯光设计无疑是点睛之笔，当柔和灯光亮起，情绪一下就温润了。

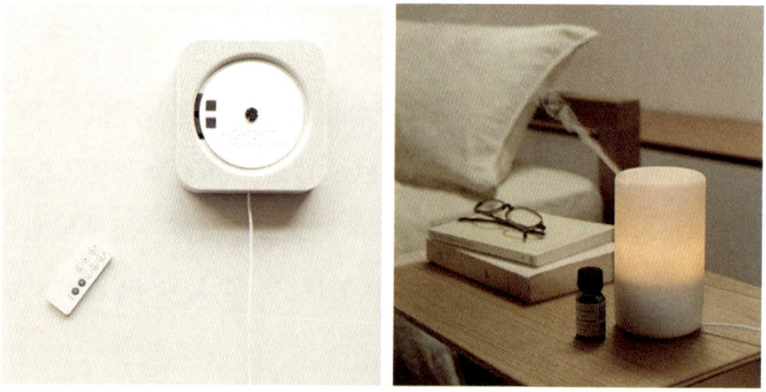

无印良品的 CD 机和香薰机

无印良品是来自日本的一个生活杂牌。从字面上解释就是没有标志的好产品，无品牌，但产品很优质。一开始它主要做生活日用品，到今天已经覆盖了方方面面，包括科技电子产品。无印良品的品牌成功等于是挑战了传统品牌的一些理论。传统品牌最怕什么？怕两点。第一个是，你的品牌居然没有标志，这个太诡异了，有些产品恨不得把所有标志都贴上去，特别是某些奢侈品。对品牌传播来讲，产品上没有企业标志，这可谓是反传统。第二，我们都在提专注，你的品牌覆盖是有限的，很多品牌只能做电器，做不了衣服，做衣服则做不了电器。但它基本上全品类覆盖，所以它背后的魔力是什么？大家都觉得很好奇。

无印良品诞生于1980年，战后80年代的日本发展到太过追求消费的阶段，很多产品在设计上是装饰过度，后来无印良品主张设计刚好够用的产品。“这样就好”它是为需求设计，而不是为欲望设计，它用了世界上最好的设计师，用了最好的生产工艺和环节，用合理的价格输出。这点和小米很像，今天我们做移动电源，我们用世界一流的品质和工艺，但我们只卖69块。

和无印良品对比，小米的边界在哪里？其实是个挺有意思的问题。无印良品刚创立时，第一任设计师叫田中一光，是当今很伟大的平面设计师，他一开始在定义无印良品的时候，说了三个很核心的观点，他认为要做好这个品牌，要有好的产品，好的推广信息，好的展示环境。

他一开始就定了这样的基调，一定要有最好的产品，在传播表达时要有顶级的传播，所以你可以看到他们有超出你想象的产品和产品的海报，包括它的卖场设计。他们很重视卖场这种家的气氛。很多细节，比如说，他会将天花板去掉，让管道直露，摆放的容器和牌子尽可能都是手工天然的。当时，他们为找一个篮子，经常会到民间去寻找那些传统的工艺品，因为他要凸显这种家的自然感。

无印良品的特点在于，大家走进去看的时候，其实能感受到产品之美，传播之美，包括空间之美，这是非常值得我们去研究和学习的一个品牌。

我更推崇的是原研哉，他的老师田中一光定义了无印良品，原研哉进一步把它发扬光大。原研哉是日本中生代最有名的设计师，他也是个大学老师，目前是无印良品的设计总监、艺术总监。

无印良品，“无、空”是它的一个很强的设计理念，就是无也亦所有，这是原研哉对它整个的定义。

他的设计背后有些实验性的思想。他曾经给日本的一个妇幼医院做过一套形象识别系统，我非常喜欢。设计方案中的医院指示牌用棉布包着，因为它是个妇幼医院，在那个环境下，用布料的时候，会让你觉得很柔软、温暖，没有进攻性。使用布料材质是个很大的挑战，因为布很容易脏，但是他就想挑战——如果脏了，拆下来洗干净，用户看到的还是白色的，由此产生的信赖感是加倍的。

你会发现，这些好的设计背后，都流露出同一种思维：寄情于物，寄关怀于物，注入可被感知的用心，从无生气的工业品变

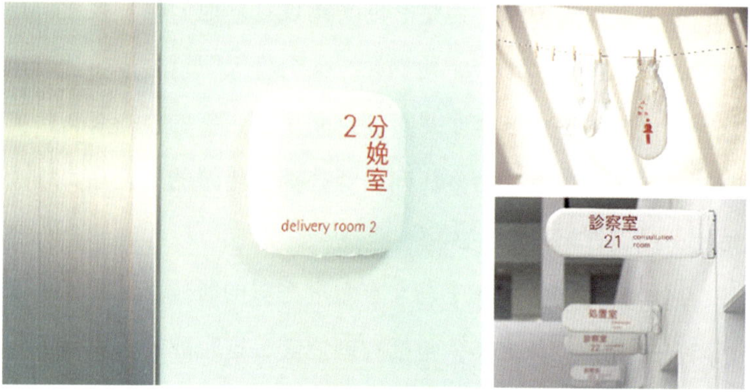

原研哉设计的妇幼医院识别系统

成对自然生活充满关怀的符号，让物件本身能够给人慰藉的情绪。

我相信，这个时代中不少人的“恋物癖”潜质正在不断觉醒。有好设计品位的产品，比如刚刚说的喷雾器，比如苹果的 MacBook 系列产品，当你触摸到它时，会有被治愈的感觉。精美、柔和，或者是刚健、充满力量感，这些设计中表达出的情绪本身也是一种对人心的慰藉。

消费者的偏爱在不断变化，正如设计界拟物和扁平两大风格，产品设计中流露出的科技感和生活化两种倾向。如果纵览当代消费电子发展史，我们会发现，当社会经济增长出现跃升、基础科学技术刚刚开始工业化应用、电子产品性能出现跨时代巨大提升时，有着夸张未来感、科技感的设计会大行其道。而当“摩尔定律”适用性开始模糊，“消费主义”风潮涌起之后，用户们的口味则更倾向于科技语言取向平和，更婉转地融入生活场景中的设计。

简单说，前者向往未来世界的探险和刺激，而后者则更趋向于内心，更关注对自身的认知。

未来属于能真正理解消费情绪的品牌，而品牌背后的团队除了工程师，更应该有设计师和艺术家，他们都是对生活高感知的人群。

最后给大家推荐两本书，有助于系统性学习、理解无印良品的设计哲学，一本是无印良品官方出版的产品设计册《无印良品》（Muji Book），另一本是原研哉写的《设计中的设计》。

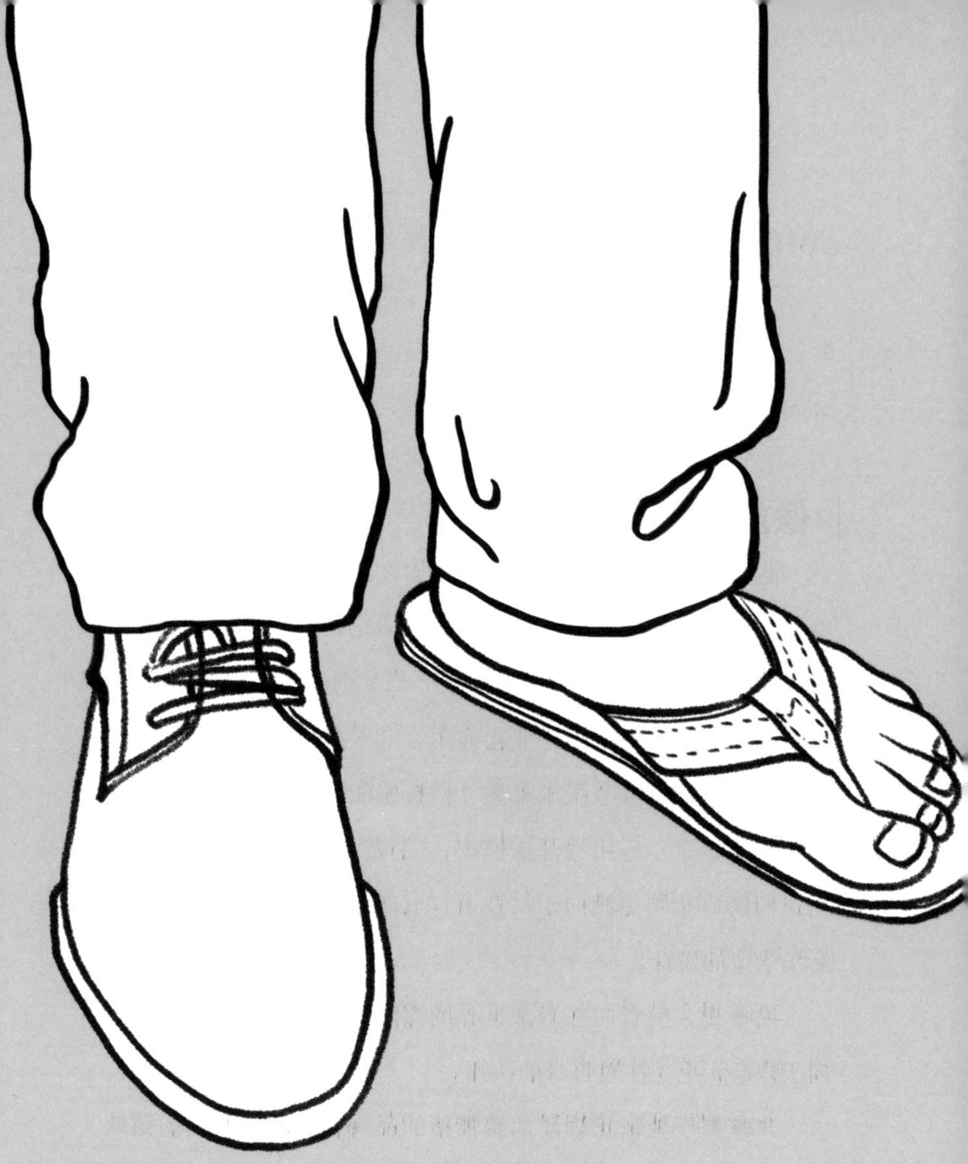

像艺术家创作般热爱

像艺术家创作般热爱

创业如创作，从开始第一步到最后冲刺，掌声与关注之外，更多的是寂寞的长跑。能支撑你咬牙坚持的，除了热爱，别无他途。

大家都知道，创业很艰辛。对于所有在创业路上的人来说，保持对他们所从事工作的热爱既是必然，也是必需。

2014 年 2 月底，小米网团队整体搬进了全新的清河办公区域，距离总部只有数百米之遥。

小伙伴们把新的办公区域装饰布置成了开放画廊，把艺术设计史的名作点缀在办公环境各处，他们用古今中外伟大的艺术家如伦勃朗、草间弥生、凡·高、吴冠中、八大山人等的名字来命名会议室。

我是一个设计师，我喜欢艺术，当我翻阅手头的艺术家作品画册的时候，我看到了一个个远超艺术本身的故事和情感。

小米办公室

我想，小伙伴们的努力并不只是让办公环境变得更舒适优雅，也不只是让各个岗位上的员工们多一些艺术修养，最重要的是去共同感受，这些不朽的艺术作品本身蕴含着艺术家对创作的热爱、对美好事物和理想的向往与坚守。

曾有位记者朋友问我，对于未来有什么期许寄望。我的答案是，希望能一直保持热爱。

我想和大家分享一下我对“热爱”二字的一点儿感悟，一起看看大师们的创作故事就好了。

罗丹：“地狱叩门”37 年

罗丹被誉为 19 世纪和 20 世纪初最伟大的现实主义雕塑艺术家。他最有名的作品当属《思想者》，这个雕塑最早是想放在未完成的《地狱之门》的门顶上的。而《地狱之门》一共有 186 个形象，根据但丁的《神曲 · 地狱篇》构思创作。《地狱之门》这个作品，罗丹创作了整整 37 年，直到罗丹去世前一年，他还在继续修改。真的，如果不是热爱，我们很难想象，是什么支撑罗丹直到去世前还在为了一个已经持续了 37 年的雕塑继续工作。

莫奈：不以目见的睡莲

莫奈是印象派画家的代表人物和创始人之一。到了 1920 年左右，莫奈已经成为世界知名的画家，他的画作开始得到国家的收藏，他自己也有钱建了大型的画室。但是这个时候，他的视力也开始出现问题。1923 年，莫奈因为白内障接受了两次眼部手术，他的视力开始越来越差。但是即使是这样，莫奈还是继续绘画。到了晚年，莫奈喜欢坐在湖边画睡莲，他坚持创作了许多以睡莲为题材的画作，并且越画越大，越画越浓郁。到最后，莫奈几近失明，但是他坚持作画一直到 1926 年 12 月 5 日去世为止。当我在法国的橘园博物馆第一次看到这些几十米长的睡莲原作，画面的光影穿越了时空，仿佛就在眼前流动，想起作品背后的故事，热泪盈眶。

雷诺阿：轮椅上的坚守

雷诺阿也是法国印象派画家的重要代表人物。雷诺阿以画人物出名，又以画甜美、丰满、明亮的脸和手最为经典。印象派中雷诺阿的特色在于描绘迷人的感觉，从他的画作中，你很少感觉到苦痛或是宗教情怀，但常常能感受到家庭的温暖，如母亲或是姐姐般的笑容。不过雷诺阿在大约1892年，就罹患类风湿性关节炎。在他生命的最后20年中，严重的关节炎极大地限制了雷诺阿的活动，他不得不坐在轮椅上，依靠助手把画笔递到他的手中才能继续作画。

吴冠中："烧房子"只为留真爱

吴冠中是我国当代著名的画家。早在1989年，他的画作《高昌遗址》就以187万港币创下在世中国画家作品的拍卖纪录。2007年，吴冠中的作品《交河故城》更以4 070万元创造了当代艺术家国画拍卖的新纪录。吴冠中的画作价值连城，但是他本人生活简朴，住在北京方庄一处老居民楼内。他和老伴儿在小区散步的时候，周围的人都不知道这是一个一幅画能卖出几千万元的大画家。1991年9月，吴冠中整理家中藏画的时候，他将几百幅自己不够满意的画作全部付之一炬。因为当时他的画作已经价值连城，他烧画的举动被人称为"烧房子"。

事实上，类似传奇般的故事还有很多。从这些艺术家的故事中，我感慨的就是他们对于事业的那份单纯、那份热爱。一个人在事业上所能取得的成就，和他对这份事业的热爱是分不开的。

从另外一个角度来讲，如果我们能够保持对所做事情的热爱，因为热爱，不管事情大小，我们都会愿意持续学习，持续钻研，持续用心做好每一件事情。

我们的热爱来自自我实现，它关乎欲望，如成就感、荣誉感；又关乎内省，如对卓越艺术的虔诚信仰，对更优美精准呈现的单纯向往。所以，这种热爱是通过自我驱动、自我沉浸，让我们从中回归本原，间或忘却得失，却恰恰可能是将我们领向卓越的最重要的动力。

小米办公室

“烧”摄影器材的口碑启示

“烧”摄影器材的口碑启示

小米的营销是口碑营销，我是一名设计师，不是什么营销科班，但多年玩相机的体验给了我很多市场营销的启发。

我是个摄影爱好者，更准确地说，是个败家“烧”器材的。

烧器材最大的罪状就是“败家穷三代”，但我经常安慰自己就是这事可以修身养性，我常对准备“拉下水”的小伙伴说，兴趣是你的心理导师。所以，有台自己爱玩的相机是必需的。

第一台相机是20年前，大概1991年左右，理光XR8的胶片机。推荐我买的人是初中同班的一个哥们儿的儿子谦，他是当时我们学校的摄影协会会长。

第二台是2000年刚开始工作，尼康F80，也称穷人的F100，配了个腾龙28–105的副厂头。这是我高中同学的弟弟推荐的，哥哥叫泽文，弟弟叫敬文。敬文学的是美院的摄影专业，毕业后做了一家知名报社的摄影记者。

第三台是 2004 年刚到北京，佳能 S70，是个卡片机。自己泡论坛买的，那时候数码单反还贵得很，S70 打动我的是 3 000 这个价位的相机可以玩玩手动。

第四台是 2006 年的佳能 5D，这是那时发烧友中经典的平民数码全画幅。那时候整天泡论坛，机身到底是尼康还是佳能，镜头群到底是大三元还是小三元[①]，上不上人像定焦？泡了近三个月论坛才最终出手。

再后来，玩的相机就越来越多，什么全幅旁轴微单，徕卡 M8、适马 DP1、索尼的 NEX7；镜头群也扩张到铺满一张大桌子。现在，手头最常用的有三件，富士 XPro1、佳能 5D Ⅲ 和徕卡 S。

提到相机的话题，曾有一位记者朋友跟我聊起摄影话题，自然就说起了器材。后来她问我，发烧友圈子不算特别大，小米“为发烧而生”，那么用户越来越多之后，怎么做更大众的市场？

这真是个“神问题”。

真正的发烧友关注什么？一言蔽之：新奇特、高精尖。产品在某一方面做到极致，就自然能得到发烧友追捧。

比如徕卡，早些时候不少人会说它理念跟不上时代，但是它的成像品质和独特的风格就能让它站在影像工业品牌之巅；又比如适马 DP 系列，吐槽它的人一大堆，对焦慢这个缺点也的确突

① “三元”一般指广角、标准变焦和中长焦三只红圈变焦镜头。恒定 F2.8 光圈的三只被称为大三元，恒定 F4 三只的被称为小三元。——编者注

出，但是它有三层 CCD 独特技术保证画质，有接近 APS–C 单反水平的大尺寸传感器，作为一个小巧型数码相机仍值得赞赏。

这就是小米手机从诞生起就一直追求高性能的原因。只要性能突出，个性鲜明，就一定会有人爱。

最初爱你、赞赏你的，就是核心种子用户。这些发烧友是人群中的意见领袖，而在消费电子行业中，意见领袖的评价对普通用户的购买决定有很大的影响力。

当初我的理光相机和尼康胶片单反就是在懂行的朋友指导下买的。后来才逐步自己摸索进了发烧之路上，有了基于自己喜好的判断力。而这时品牌性格仍是最重要的影响力。比如在全副数码单反中，我选择了佳能，尽管尼康直接出片画质更锐利，对比度更高，但我更喜欢佳能镜头上的红圈多过尼康的金圈，加上佳能画质更柔和，后期空间更大。

发烧友意见领袖发挥的是口碑营销的张力，现代社交化媒体的崛起又给它无限加成。以前的发烧友是小众的，能影响的多是周边人群的圈子，而现在即便你不打电话，不上专业论坛去询问，在微博、微信上都能非常容易得到推荐。

今天我们打动消费者的路径变得非常短且扁平化了。

所以围绕住发烧友做产品、做营销的方式才能得到空前的成功。更何况，小米要做的手机、电视等产品，都是标准化大众市场产品，我们要做的是国民品牌，在社交化媒体领域话题更普及。

所以，我们有信心回答前面那个“神问题”：如今市场中，打动发烧友就能打动市场。因为消费电子行业中，发烧友喜欢的都代表有好品质。

感谢这位记者朋友，这次闲聊让我回想起小米传播节奏的潜意识由来。小米定位“为发烧而生”，实际是我们 8 个联合创始人都是爱玩的发烧友。小米的所谓营销，其实只是把我们以前玩的和正在玩的体验和用户分享开来而已。

我之前说过关于品牌成长路径的话题，这实际标注着品牌是在用户附近、身边或在用户心里。

对于大多数传统品牌营销手法而言，最常见的莫过于“知名度—美誉度—忠诚度”这个顺序链条，即上手先大幅度投入，狠砸广告投放，不论好坏，先让用户知道品牌的存在再说，然后才是让用户了解产品，宣传产品的优点。保健品行业最突出，远有脑白金，近有极草（冬虫夏草），都是典型案例。

对于互联网企业而言，路数有些变化，是“美誉度—知名度—忠诚度”。互联网经济是体验经济，产品即体验，也即品牌，然后再通过互联网快速扩散，好比你用搜索引擎，通常不是因为看到某个搜索引擎的广告，而是因为你的朋友在用。但传统互联网平台通常难有忠诚度，用户去留不过是因工具价值的大小来决定，典型的就好比看网络视频，在那么多视频网站之间，哪儿有的看就去哪儿，所以更多还只是“美誉度—知名度”。

小米呢？我们的节奏有点儿不同。

小米的品牌成长路径是“美誉度—忠诚度—知名度”。

我们和其他互联网公司一样先做出产品的美誉度，让用户知道小米的产品好。但是接下来，没有着急做知名度，而是先去培养第一波认可我们产品的用户的忠诚度。我们一直在各种社区上认真维系核心用户，赢得了很多粉丝。直到2013年，创业后的第三年小米才开始尝试去投放一点儿品牌广告，扩大一下知名度。而这个时候认可我们的发烧友、信赖我们的粉丝已经聚合起足够的品牌势能，让投入推广更有效率。

那位记者朋友最后问我：你对未来有什么期望？我说：保持热爱。

她继续问：能具体点儿吗？我说：安静下来的时候把曾经拍过的照片画出来。

我内心始终相信：能穿越时间的不是商业，是哲学、文学或者艺术。

人生是一场修行，见自己、见天下、见众生

——阿黎拍于2012年10月海南

企业互联网转型需要“爆扁爽”

不转型是等死？转型是找死？

2014年上半年和不少传统行业的企业家做过一些交流，发现大家都有些焦虑，去年都在谈互联网思维，今年好像都有了互联网焦虑症。大家都在问：到底我们在转型的时候，有什么好的建议？

在做互联网转型的时候，其实大家很容易看到小米表面上很多营销的花招，就说小米只做新媒体、只做微博，然后自己也就立刻不投放广告了。然后大家很奇怪看到小米为什么又在央视上投放广告了。大家都想向互联网转型，就像做一个外科手术一样，痛哪儿医哪儿，甚至直接截肢，我觉得这样的想法不可取。

我没有什么一堆大道理，我的建议只有一个：**互联网转型需要内外兼治，由内而外，我有一个词叫作“爆扁爽”。**

什么是“爆扁爽”？核心是三个思路：

第一是爆，产品策略、产品结构一定要“爆”。做几百条线的产品，还要跟用户互动，你没有这样的精力。我前几天见到一个做了将近30年的传统家电厂商，他说：你的意见很好，但是我们有几百款产品，怎么办呢？这么多意见我们怎么梳理呢？我反问他：“你为什么要做几百款？”

爆品是小米最简单也是最根本的逻辑，如果我们不做“爆”的产品，是没法让用户尖叫，让用户有参与感的。“爆”不仅仅是做精品，很多时候大家都想做精品，但精品有可能大家会想做十几款，这都是错的。能不能只做一款，能不能只做两款？一两款爆款就可以了。

第二是扁，组织结构要梳理，要扁平化。对互联网时代的公司来讲，要走群众路线，你要鼓动大家的积极性，要鼓励大家创新的时候，如果都是那种层层汇报的架构，比如有五六层、七八层的层级架构，大家怎么可能会有创新性？我要做一个决策，我说了不算，我要跟七八个领导做汇报，要等两三个月之后才有意见的回复，工程师怎么会有胆量创新？我们很多用户都能够知道某个功能是某位工程师做的，那个模块是另一个工程师做的，用户有吐槽，这个工程师就说这个问题反馈我们看到了，会立刻去改。所以在小米，研发层级结构基本是三层，一层是员工，一层是核心主管，一层是合伙人，只有这三层。特别是研发部门也不会有正经理、副经理，不会搞得非常复杂。

我们要做整个互联网转型的时候，一定要由内而外，先把我们的产品架构和我们的组织结构梳理好，做爆点产品，然后扁平化。

第三是爽，团队的激励，就是一个“爽”字。让员工爽就好，不要追求什么条条框框，也不要生搬硬套。比如说小米的方法也许适合你，也许不适合你。其实最根本来讲，我们做企业的管理者，能不能真的把姿态放得更低一点儿，去跟你的员工打成一片，听听他们到底想怎么爽，怎么给予他们参与感、成就感，怎么给予他们足够的激励。无外乎就是爽，员工爽，他就会自我燃烧。

对于小米来说，我们在组团队找人上，要求“又红又专”，我们只找那些有经验并且有创业精神的人。另外，给团队成员足够好的回报、足够的利益分享。你给够了钱，同时你把他们都推到台前去，让他们都当团队明星，给用户去服务，不是挺好的事情吗？

这就是我说的“爆扁爽”，老板要做决策的时候，我怎么样能够把产品的一百条线砍成一条线，怎么样能够不要有这么多裙带关系，不要有这么多的七大姑八大姨，不要有这种一堆为了企业管理安全、为了政治斗争所设置的治理结构。对于员工来讲，当企业有很清晰的产品结构，有很好的组织结构的时候，真的是尊重他们的时候，他们自然会有很好的创新，并且有很好的服务。这背后最根本的是对人性的尊重，尊重员工，员工才会尊重客户，这个道理很简单。与其我们整天坐而论道说怎么样学习互联网思想，还不如先从内部梳理好。

我认为对整个互联网来讲会是一个“爆扁时代”。未来最残酷的事情在哪儿？以前信息不对称的时候，其实很多行业是可以有 10 个甚至 20 个品牌存在的。但是，互联网的革命是信息革命，就是说未来信息一旦对称，所有的品牌都是高度聚集的，一个品类只有三到五个品牌存在。我们看看互联网基础产品类别的搜索、安全和视频，基本不超过五个品牌，而且只有挤进前三名才算活得好。

“爆扁爽”的背后是将业绩驱动转化为创造力驱动，相信最优秀的人在自己热爱事务上的投入与创造。

首先是“去 KPI 化”。小米内部确实是没有 KPI 的。但是没有 KPI，不意味着我们公司没有目标。小米对于这个目标怎么分解呢？我们是不把 KPI 压给员工，我们是合伙人在负责 KPI 的。但我们定 KPI，都是定一个数量级，比如说今年要卖 4 000 万台，不会去约定如果你完成 A 档、B 档、C 档，我就给你一个什么样的奖励。我们销售团队今年定了 4 000 万，突然间干到了 5 000 万，然后立刻拿出一笔钱给大家发了去马尔代夫度假？我们不会干这样的事情。在定 KPI 的时候，其实更多是来判断一个公司增长规模的阶梯，我到底到了哪个阶梯上，因为我们把这个信息测算清楚以后，要分配调度资源。

相比结果，我们更关注过程。员工只要把过程做好，结果是自然的。

雷总感触最深的一句话是王阳明的“天理即人欲”。我觉得让人爽的这个问题，如果愿意去想的话，每个企业都能想明白，主要是看企业舍得不舍得的问题。雷总创办小米的时候，心态很平和、很开放。他已经做了20年企业，早已功成名就。可以说在做小米之前，他也是中国最著名的天使投资人之一，不缺钱不缺名。不管大家相信不相信，他做小米是梦想驱动的，就是他想做一个足够伟大的公司，一件足够伟大的事情。所以在这种情况下，从合伙人到我们核心员工，他都给了足够的利益上的保证、授权和尊重。

我看了很多公司的老总，他只跟你说有期权，都是到了临近上市的时候，才跟你说你的期权是多少。但雷总跟我们合伙人、核心员工一开始就讲明白，把很多事情都摆在桌面上。今天的人才竞争这么激烈，没有足够的利益驱动，纯粹讲兄弟感情的话，其实很难。

做老板的要负责把整个班子团队搭好，小米的合伙人班子在今天是各管一块，如果没有什么事情的话，基本上都不知道彼此在干吗，也不会管彼此。大家都是自己的事情自己说了算，这样保证整体决策非常快。

员工招聘也是如此。我们的做法是，要用最好的人。我一直都认为研发本身是很有创造性的，如果人不放松，或不够聪明，都很难做得好。你要找到最好的人，一个好的工程师不是顶10个，而是顶100个。所以，在核心工程师上面，大家一定要不惜血本去找，千万不要想着偷懒只用培养大学生的方法去做。最好的人本身有很强的驱动力，你只要把他放到他喜欢的事情上，让他自己有玩的心态，他才能真正做出一些事情，打动他自己、打动别人。所以你今天看到我们很多的工程师，他们自己在边玩边创新。所以，找最好的人，给他做他喜欢和擅长的事情。研发人员千万不要去管太严，一管就“死”了。工程师很讨厌跟规章制度打交道，做汇报他都很烦，大家不要管他，让用户去管他。他做好了一个产品，用户表扬他，这个大神多牛。他做不好了，用户骂他，他自己赶紧去改。

“爆扁爽”——开玩笑说，就是把老板爆扁了，员工就爽了。“扁”是指公司扁平化，没有KPI，但这有两个很重要的条件，一是公司有一流团队，二是公司成长速度要足够快，快本身就是一种管理。公司要成长快则是产品要“爆”，而员工“爽”才能组建成一流团队！

后 记

浸泡在夏日的知了声中。书房的空调坏了，一个下午的闷热过后，直到傍晚，一丝丝凉风进来，透过那白色轻舞飞扬的窗纱，看着窗外的树，应该夕阳正美，斑驳迷离。

不知道什么时候知了声没了，坐在书房里，越写，心越静。

仿佛穿越，神思回到多年前在茂名老家高考的那个书房，窗外也有一片树。这本书临近收笔，竟有点儿高考毕业的感觉，激动，也忐忑。

这本书2014年初启动，到完成持续将近半年时间。进行了三次内测，有近50个同事和朋友参与进来帮我整理素材和试读。第一个版本400多页，到第三版不到300页，每一个内测版本的试读，除了文字的修正，小伙伴们还帮我提供了不少生动的案例。因为平常工作很忙，有时改到想重来，想放弃，但每个阶段这些反馈都给了我新的力量继续提笔改下去。谢谢这些小伙伴，他们是我写《参与感》的梦想赞助商。

感谢雷总，是他鼓励我写了这本书，在书的结构策划上给了我极好的建议。金山 10 年、小米 4 年，雷总一直是我的良师益友，从他身上我获益最多的是“死磕”和“不断刷系统”。每次发布会 PPT 都要改个上百遍，改到不能再改，临上场半小时还在改，连屏幕的一个像素的位置和颜色都死磕到底。“不断刷系统”就是保持不断学习的心态。记得 2004 年我从珠海刚到北京，晚上 10 点在办公室忙完后，雷总带着我逐个拜访了很多互联网的草根站长，学习搜索引擎优化和网站联盟运营，如何用最低成本来获取流量。我们曾经有半年着迷于域名的注册，经常半夜电话说抢拍了哪个好域名，那时雷总就拿下了不少类似“duowan.com（多玩）”“duokan.com（多看）”这样的好域名。

感谢小米联合创始人团队，感谢和我合作过的 MIUI 和小米网的小伙伴们，有幸和他们一起创办了这样一个有爱的公司。在为小米的第一间办公室购买办公桌椅时，为了省钱，我们还跑到远郊的家具加工厂直接进货；2010 年 4 月 6 日公司开工第一天，我老爸早上 5 点就起来熬粥，熬了整整 1 个小时，熬了一锅热气腾腾的小米粥，我们创业初始团队 14 人举起粥碗相庆，那瞬间我真的感觉我们是“小米加步枪”干革命。从此，小米每次搬家也保留了喝小米粥的传统。

从做一部我们自己喜欢的手机起步，没想到这么快，小米的全球用户已超过 6 000 万，小米的员工也将近 6 000 人，这 4

年真的是梦想之旅、神奇之旅。

感谢我的爱人和家人，写这本书牺牲了很多周末和假期，感谢他们默默地相守、相伴，感谢他们一路给予了我自由和爱。

我是一名设计师，从设计角度看产品、谈营销，所提及的案例碎片化，观点也很碎片化，直白讲了我们当时如何想、如何做，不是多大的理论，只是小米一些真实的案例。

14 年的工作生涯里，有幸在一线亲身经历了互联网和移动互联网的两次商业大潮，我从事过设计、产品经理、内容编辑、市场和销售等各个职业，做过职业经理人，现在是一名创业者。繁华万象其实都是世界的背景，你需要做的就是埋头前行！

时代变迁，在每一次消费理念变革后面，营销的方法和渠道都在变化，在同样的渠道下，操作方法也千变万化。我们最容易看到表象，也最容易只看到表象。在静下来的时候，我想得更多的是洪流之下的暗涌，在这些变化背后的不变，不变的原点是什么？

我觉得每一个产品，每一次创业就是一次人生，一次人生的缩影。

尼采关于人生的哲学有三个问题：我是谁？我从哪里来？我将到哪里去？

我是谁？是产品的选择。我们要问清楚自己的产品所创造的价值是什么。

我从哪里来？是团队的选择。产品来自团队，这不是个人英雄的时代，我们要尽全力组建一个好团队。

我将到哪里去？是用户的选择。这个产品为谁设计？这个产品首先要为自己设计。

在做产品和创业的过程中，我们是在解决这三个问题。

我们以什么态度来面对我们的人生？面对我们的创业？

美国著名歌手罗凯利（R. Kelly），1996 年专为“篮球飞人”迈克尔·乔丹写了一首歌《我相信我能飞》（I Believe I Can Fly），这首歌关于梦想、希望和坚持！

“If I just believe it, There’s nothing to it. I believe I can fly, I believe I can touch the sky. 我相信我能行，那就没有什么不可以。我相信我能飞翔，我相信我能触到天空。”

把这首歌送给所有在创业路上的小伙伴们！

每一段旅程的终点，都是一个新的开始！

黎万强

2014 年 7 月

附录　参与感三三法则：小米案例

	开放参与节点	设计互动方式	扩散口碑事件	参与用户	活动周期	参与人数	页数
橙色星期五	• MIUI产品需求 • MIUI产品测试 • MIUI产品发布	• 论坛讨论 • 每周五更新 • 荣誉开发组 • 开发版和稳定版	• 成功升级分享 • 四格体验报告 • 每周功能和公告 • 《100个梦想的赞助商》微电影	MIUI开发版用户	每周	百万人	P22
红色星期二	小米网购买	预约，抢购	• 每次开放购买结果公布 • 预约分享 • 晒单赢免单	购买手机用户	每周	百万人	P47
爆米花	• 线下活动地址选择 • 设计现场活动内容	• 论坛投票 • 论坛上传活动方案 • 各地同城会	• 现场微博分享 • 年度爆米花盛典 • 《爆米花》杂志	小米论坛活跃用户	每月	万人	P84
红米手机	在线首发	• 猜猜发布什么产品 • 转发即预约	红米750万人预约事件传播	QQ空间的用户	一次性	千万人	P170
《我们的时代》广告	在线首映	• 点赞领礼品 • 制作个性宣言	• 个性宣言的微博分享 • 广告片创作故事传播	互联网用户	一次性	百万人	P125
小米服务点滴系统	收集服务改进创意	内部点滴系统提交，审核	全员公告与奖励	小米服务体系员工	每天	千人	P207
小米开放日	• 工厂生产 • 物流发货 • 小米之家现场服务	• 到现场看 • 手动发货	自媒体传播	媒体人、资深用户	每季度	百人	P138

小米大事记

2010 年

4 月 6 日　小米公司正式创立。

8 月 16 日　MIUI 内测版发布。

12 月 10 日　米聊 Android 内测版发布。

12 月 20 日　宣布 A 轮融资完成，估值 2.5 亿美元。

2011 年

7 月 12 日　正式宣布进军智能手机市场。

8 月 16 日　小米手机发布会暨 MIUI 周年粉丝庆典在 798 举行，正式发布中国首款双核 1.5G 智能手机。MIUI 用户突破 50 万。

9 月 5 日　小米网上线，小米手机首次开放预订，34 小时预订 30 万台小米手机。

12 月 20 日　宣布 B 轮融资完成，估值 10 亿美元。

2012年

4月6日 首届“米粉节”暨公司两周年庆典开幕。

6月23日 宣布C轮融资完成，估值40亿美元。

8月16日 小米手机2正式发布，全球首发28纳米四核1.5G智能手机。

11月14日 小米盒子正式问世。

12月21日 小米联合新浪微博，打造社会化网购首单。5万台小米手机2在5分钟内即售罄，成为社会化网购里程碑事件。

12月31日 公布2012年业绩：全年销售719万台，含税营收126.5亿人民币。

2013年

4月9日 第二届“米粉节”开幕，小米手机2S、小米手机2A正式问世。宣布进入台湾、香港市场，国际战略正式开启。

7月16日 小米公布上半年业绩，共卖出703万台手机，含税营收132.7亿元人民币。MIUI用户超2 000万。

7月31日 正式发布子品牌红米手机，首次支持TD（3G）制式。

8月12日 10万台红米手机QQ空间首卖，90秒售罄。745万用户预约也创下社会化网购新纪录。

8 月 22 日　宣布 D 轮融资完成，估值达 100 亿美元。

9 月 5 日　2013 年度发布会在国家会议中心举行，在这场以“倚天屠龙”为主题的发布会上发布了小米手机 3 和小米电视两款产品。

12 月 12 日　小米董事长兼 CEO 雷军当选 CCTV 2013 中国经济年度人物。

12 月 19 日　小米路由器首轮公测。

2014 年

1 月 2 日　公布 2013 年公司业绩，全年销售了 1 870 万台手机，含税销售额达到了 316 亿人民币。

2 月 11 日　小米公司入选美国商业杂志 *Fast Company* 全球 50 大最具创新力公司。

3 月 26 日　红米 Note 通过 QQ 空间首发，并创下 1 500 万的手机网络预约人数新纪录。

4 月 8 日　举办为庆祝公司成立四周年的第三届“米粉节”购物狂欢活动，12 小时共售出 130 万台小米和红米手机，支付金额破 15 亿元。

4 月 22 日　小米公司宣布启用全球新域名 www.mi.com。

4 月 23 日　正式发布小米路由器、小米路由器 mini

版及首款支持 4K 的小米盒子增强版。

5 月 15 日 发布小米电视 2 及小米平板。同天，小米宣布 MIUI 全球用户数达到 5 000 万。

6 月 10 日 “小米服务点赞月”开启，全国 18 家小米之家及超过 500 家的授权服务网点提供 1 小时快修、免费贴膜、保外免手工费等多项优惠和优质服务项目。

标题海报索引

口碑
口碑的铁三角
发动机
口碑
参与感三三法则
改改改改改改改
改改改再改改！
团队
产品
2 1
产品第二，团队第一
让用户来激励团队
先做忠诚度再做知名度
1 2 3 4 5
不是做广告，而是做自媒体
社会化媒体是金战场
年轻人的QQ空间

用微信扫描二维码
关注阿黎笔记公众号，下载大尺寸海报

《参与感》的梦想赞助商

谢谢这些小伙伴，他们是这本书的梦想赞助商！

金错刀
顾问

徐洁云
市场

赵刚
市场

梁峰
设计

姚亮
策划

刁美玲
产品

陈露
设计

闫超
插画

王彦超
插画

龙涛
插画

倪琰
插画

阿黎的朋友们
试读